COPENHAGUE

EN QUELQUES JOURS

Cristian Bonetto

Dans ce guide

L'essentiel

Pour aller droit au but et découvrir la ville et ses environs en un clin d'œil

Les basiques
À savoir avant de partir

Les quartiers et les régions
Se repérer

Explorer Copenhague

Sites et adresses quartier par quartier

Les incontournables
Pour tirer le meilleur parti de votre visite

100% Copenhaguois
Vivre comme un habitant

Copenhague selon ses envies

Les meilleures choses à voir, à faire, à tester...

Les plus belles balades
Découvrir la ville à pied

Envie de...
Le meilleur de Copenhague

Carnet pratique

Trucs et astuces pour réussir votre séjour

Hébergement
Une sélection d'hôtels

Transports et infos pratiques

Notre sélection de lieux et d'adresses :

À voir

Se restaurer

Prendre un verre

Sortir

Shopping

Légende des symboles

- Numéro de téléphone
- Horaires d'ouverture
- Parking
- Non-fumeurs
- Accès Internet
- Wi-Fi
- Végétarien
- Familles bienvenues
- Animaux acceptés
- Bus
- Navettes fluviales
- Metro
- Tram
- Train

Retrouvez rapidement chaque adresse sur les plans de quartier :

Copenhague En quelques jours

Les guides *En quelques jours* édités par Lonely Planet sont conçus pour vous amener au cœur d'une ville.

Vous y trouverez tous les sites incontournables, ainsi que des conseils pour profiter de chacune de vos visites. Nous avons divisé la ville en quartiers, accompagnés de plans clairs pour un repérage facile. Nos auteurs expérimentés ont déniché les meilleures adresses dans chaque quartier : restaurants, boutiques, bars et clubs... Et pour aller plus loin, découvrez les endroits les plus insolites et authentiques dans les pages “100% Copenhaguois”.

Ce guide contient également tous les conseils pratiques pour éviter les casse-tête : itinéraires pour visites courtes, moyens de transport, montant des pourboires, etc.

Grâce à toutes ces infos, soyez sûr de passer un séjour mémorable.

Notre engagement

Les auteurs Lonely Planet visitent en personne, pour chaque édition, les lieux dont ils s'appliquent à faire un compte rendu précis. Ils ne bénéficient en aucun cas de rétribution ou de réduction de prix en échange de leurs commentaires.

L'essentiel 7

Explorer Copenhague 21

Vaut le détour :

Copenhague selon ses envies 125

Les plus belles balades

Envie de...

Carnet pratique 145

SØKVÆSTHUSET

L'essentiel

Bienvenue à Copenhague

København (Copenhague en danois) est la quintessence même du style scandinave. Des lampes modernistes éclairent des tables dans le nouveau style nordique, les cyclistes se pressent sur ses ponts et les habitants plongent volontiers dans ses eaux pures. Au-delà des rues pavées, des flèches fantaisistes et des palais, cette ville à l'avant-garde bouillonne et repousse les limites dans des domaines aussi variés que la cuisine, le design et la mode. Croquez-la à pleines dents !

Christianshavn (p. 70)

Copenhague
Les incontournables

Jardins de Tivoli (p. 24)

Manèges, musique et feux d'artifice.

Nationalmuseet (p. 28)

Véritable cours intensif d'histoire danoise.

Christiansborg Slot (p. 36)

Tapisseries, ruines et panorama époustouflant.

ANDREY SHCHERBUKHIN/SHUTTERSTOCK ©

Designmuseum Danmark (p. 60)

Design danois rétro et contemporain.

Christiania (p. 72)

Le quartier alternatif, véritable "ville libre" dans la ville.

Rosenborg Slot
(p. 84)
Le château Renaissance de Christian IV.

ULRIK JANTZEN/LOUISIANA MUSEUM OF MODERN ART ©

Statens Museum for Kunst (p. 88) Le meilleur musée d'art du Danemark.

Musée d'Art moderne Louisiana (p. 122) Art moderne au bord de la Baltique.

100% Copenhaguois
Vivre comme un habitant

Conseils d'initiés pour découvrir le vrai Copenhague

Copenhague ne se résume pas seulement à ses musées, à ses grands sites touristiques et à ses quartiers au bord de l'eau. Le Copenhague des habitants, aux multiples facettes, est aussi celui des marchés de produits nordiques, du *street art*, des bars tendance et des jardins romantiques.

Tous au marché ! (p. 90)
☑ En-cas gourmands ☑ Produits artisanaux

KIEV.VICTOR/SHUTTERSTOCK ©

Østerbro (p. 106)
☑ Architecture historique ☑ Cafés et restaurants cosy

Frederiksberg (p. 120)

☑ Parcs romantiques ☑ Art underground

Værnedamsvej (p. 110)

☑ Vie quotidienne ☑ Alimentation et boissons

Autres lieux pour vivre le Copenhague des habitants :

- Dansk Arkitektur Center (p. 142)
- Café Halvvejen (p. 51)
- Bastard Café (p. 52)
- La Cinemateket (p. 55)
- Forloren Espresso (p. 67)
- Islands Brygge Havnebadet (p. 139)
- Superkilen (p. 128)
- Manfreds og Vin (p. 102)
- Dyrehaven (p. 118)
- Cykelslangen (p. 119)

Copenhague en 4 jours

1er jour

Réveillez votre appétit au **Torvehallerne KBH** (p. 90), fameux marché de Copenhague. Dégustez un porridge chez Grød, découvrez les mets danois chez Bornholmer Butikken et Omegn, puis buvez un café d'exception chez Coffee Collective. Marchez jusqu'au **Kongens Have** (p. 87), ancien jardin royal devenu parc municipal. Furetez dans les salles de son château Renaissance, le **Rosenborg Slot** (p. 84), où sont conservés les joyaux de la Couronne.

Poursuivez vers l'est jusqu'à **Nyhavn** (p. 64). Après avoir pris le cliché parfait du canal pittoresque, vous avez deux choix : embarquer pour un circuit au fil des canaux et dans le port, ou longer le front de mer pour voir la résidence royale, l'**Amalienborg Slot** (p. 64), la flamboyante **Marmorkirken** (p. 64) et, un peu plus au nord, la citadelle du **Kastellet** (p. 64). Vous pouvez y saluer la **Petite Sirène** (p. 66), avant de prendre la direction du sud pour rejoindre la **Det Kongelige Bibliotek** (p. 41).

Passez la soirée aux **jardins de Tivoli** (p. 24). Entre mi-avril et fin septembre, vous pourrez profiter le vendredi soir des concerts gratuits du festival Fredagsrock, sur la scène du Plænen, qui accueille des artistes locaux et internationaux.

2e jour

Commencez la journée en hauteur en gravissant la **Rundetårn** (p. 48), une tour du XVIIe siècle bâtie pour que son fondateur, Christian IV, puisse contempler la ville. Les rues situées juste à l'est – notamment Pilestræde et Gammel Mønt – regorgent de boutiques de mode scandinave, telles que **Wood Wood** (p. 57) et **Han Kjøbenhavn** (p. 57), et de magasins de design comme **Hay House** (p. 55). Au sud-ouest de la Rundetårn, le **quartier latin** (p. 48) abrite la **Vor Frue Kirke** (p. 48), où vous pourrez voir des œuvres du célèbre sculpteur Bertel Thorvaldsen.

Vous pouvez facilement passer l'après-midi à étudier l'histoire du Danemark au **Nationalmuseet** (p. 28). Si vous préférez la peinture impressionniste, optez pour la **Ny Carlsberg Glyptotek** (p. 31), l'un des meilleurs musées d'art de la ville, qui renferme aussi la plus grande collection de sculptures de Rodin en dehors de la France.

Après le dîner, poursuivez la soirée avec les excellents vins et le design classique danois du **Ved Stranden 10** (p. 51), des cocktails originaux au **Ruby** (p. 52) ou un concert de saxophone au **Jazzhus Montmartre** (p. 53).

Votre temps est précieux !
Nous avons concocté pour vous des itinéraires détaillés qui vous permettront d'optimiser le peu de temps dont vous disposez.

3e jour

Partez à la découverte de Christianshavn. Admirez l'intérieur aux airs de théâtre rococo de la **Christians Kirke** (p. 78) et la flèche en spirale en bois de la **Vor Frelsers Kirke** (p. 77). Tout proche se trouve la commune autoproclamée de **Christiania** (p. 72). Écartez-vous de sa tristement célèbre artère principale – surnommée "Pusher Street" (rue des dealers) – pour apprécier son architecture organique.

Après le déjeuner, rejoignez Slotsholmen. Les magnifiques **De Kongelige Repræsentationslokaler** (p. 37) – salles de réception royales – du **Christiansborg Slot** (p. 36) méritent le coup d'œil. Au pied du palais, les **Ruinerne under Christiansborg** (p. 37) comportent des vestiges du premier château. Enfin, visitez le **Thorvaldsens Museum** (p. 41), qui allie sculptures danoises et antiquités classiques.

Le soir, décompressez dans l'ambiance branchée de Kødbyen, l'ancien quartier des abattoirs qui accueille désormais de nombreux bars – dont l'excellent **Mesteren & Lærlingen** (p. 118). Faites votre choix entre le **Mikkeller Bar** (p. 117) et le **Fermentoren** (p. 118) pour déguster des bières artisanales, ou le **Lidkoeb** (p. 117) si vous avez envie de cocktails.

4e jour

Faites le plein de chefs-d'œuvre anciens et contemporains au **Statens Museum for Kunst** (p. 88), galerie nationale du Danemark qui réunit des œuvres de grands artistes danois comme Vilhelm Hammershøi, Asger Jorn et Per Kirkeby, ainsi que l'une des plus belles collections de tableaux de Matisse au monde. Si vous avez besoin de vous aérer, le superbe **Botanisk Have** (p. 93) est juste en face.

L'après-midi, explorez le quartier le plus dense et cosmopolite de Copenhague, Nørrebro. Flânez dans des rues telles que Jægersborggade, Elmegade et Guldbergsgade, où les boutiques et les ateliers vendent toutes sortes de choses, des céramiques et vêtements locaux aux lampes danoises rétro. Quand la fatigue se fait sentir, posez-vous dans le parc urbain original **Superkilen** (p. 128), ou accordez-vous une sieste au très beau **Assistens Kirkegård** (p. 99).

Quand la nuit tombe, restez à Nørrebro pour profiter de sa multitude de bars singuliers, parmi lesquels deux hauts lieux de la bière artisanale, **Brus** (p. 102) et **Mikkeller & Friends** (p. 102), ou l'évocateur **Kind of Blue** (p. 104). Pour écouter de la musique live et danser en fin de semaine, direction le **Rust** (p. 103).

Les basiques

Pour plus d'informations,
voir le *Carnet pratique* (p. 145)

Monnaie
Couronne danoise (DKK).

Langue
Danois ; anglais très répandu.

Argent
Nombreux distributeurs.
La plupart des hôtels, restaurants et magasins acceptent la carte bancaire. Certaines enseignes n'acceptent pas les espèces.

Téléphone portable
Bonne couverture réseau. Pour les voyageurs non européens, prévoir un téléphone compatible GSM ; cartes SIM locales répandues.

Heure locale
Le Danemark est à la même heure que la France (GMT/UTC + 1 heure en hiver ; + 2 heures en été).

Pourboire
Peu courant dans les hôtels, mais il n'est pas rare de laisser environ 10% de la note dans les restaurants où le service est exceptionnel et d'arrondir le montant de la course dans les taxis.

1 Avant de partir

Budget quotidien

Moins de 800 DKK

- Nuit en dortoir : 150-300 DKK
- Chambre double dans un hôtel pour petits budgets : 500-700 DKK
- Repas bon marché : moins de 125 DKK

De 800 à 1 500 DKK

- Chambre double dans un hôtel de catégorie moyenne : 700-1 500 DKK
- Entrée au musée : 50-150 DKK
- Menu 3 plats : 300-400 DKK

Plus de 1 500 DKK

- Chambre double dans un hôtel de catégorie supérieure : à partir de 1 500 DKK
- Menu dégustation chez Kadeau : 1 800 DKK

Sites Web

Visit Copenhagen (www.visitcopenhagen.com, en anglais). Le site officiel du tourisme à Copenhague : hébergement, visites, restaurants, shopping et agenda culturel.

Rejseplanen (www.rejseplanen.dk, en anglais). Pratique pour planifier ses déplacements.

Lonely Planet (www.lonelyplanet.fr/destinations/europe/danemark/copenhague) Infos sur la destination, forum et bien plus encore.

À prévoir

Deux mois avant Réservez votre hôtel et une table au restaurant Kadeau (p. 78).

Une à deux semaines avant Réservez votre table dans les restaurants très prisés comme Restaurant Mes (p. 32), Bror (p. 32) et Höst (p. 94).

Quelques jours avant Consultez le programme des événements à venir sur www.visitcopenhagen.com et www.aok.dk.

2 Arriver à Copenhague

La plupart des voyageurs arrivent en avion à l'aéroport de Copenhague, l'aéroport international le plus fréquenté de Scandinavie. Quelques visiteurs étrangers arrivent en train à la gare centrale, en bus longue distance ou en ferry.

Depuis l'aéroport

Des trains rejoignent le centre-ville toutes les 10-20 minutes en journée, moins souvent la nuit. Des métros desservent également le centre-ville toutes les 4-20 minutes, 24h/24. En taxi, comptez 250-300 DKK.

Depuis la gare centrale

Tous les trains régionaux et internationaux desservent la gare centrale (København H), située en plein centre-ville. Des trains partent pour l'aéroport toutes les 10-20 minutes en journée, moins souvent la nuit. La plupart des bus longue distance ont leur terminus sur Ingerslevsgade, au sud de la gare centrale.

Depuis Søndre Frihavn

Le dock des bateaux de croisière depuis/vers la Norvège se trouve dans la zone de Søndre Frihavn, à 2 km au nord de Kongens Nytorv. Le bus n°26 relie le port au centre-ville et à Vesterbro.

Comment circuler

Copenhague possède un réseau de transports publics étendu – métro, train, bus et bateau.

Vélo

Des pistes cyclables sont aménagées dans la plupart des rues – elles sont généralement respectées par les automobilistes. Les vélos peuvent être transportés gratuitement à bord des S-Tog, mais sont interdits à la station Nørreport aux heures de pointe en semaine. Ils sont également autorisés dans le métro, en dehors des heures de pointe.

Bus

Vaste réseau. Les lignes principales, dont le numéro est suivi d'un "A", circulent 24h/24, toutes les 3-7 minutes aux heures de pointe et toutes les 10 minutes le reste de la journée. Les bus de nuit (numéro suivi d'un "N") circulent entre 1h et 5h.

Métro

Deux lignes (M1 et M2), qui fonctionnent 24h/24 – toutes les 2-4 minutes aux heures de pointe, toutes les 3-6 minutes en journée et le week-end, et toutes les 7-20 minutes la nuit. Toutes deux relient Nørreport à Kongens Nytorv et à Christianshavn. La M2 dessert l'aéroport. Une ligne circulaire autour de la ville devrait être mise en service en 2019.

Train

Le réseau des trains de banlieue, appelés S-Tog, possède 7 lignes qui passent par la gare centrale (København H). Le service est assuré toutes les 4-20 minutes, de 5h à 0h30. Des trains de nuit circulent toutes les heures le vendredi et le samedi (toutes les 30 min sur la ligne F).

Navettes fluviales

Les navettes fluviales (appelées "bus portuaires") desservent 10 arrêts le long du port.

Copenhague
Les quartiers

Vaut le détour

Les incontournables

Louisiana

Nørrebro (p. 96)
Un tourbillon de murs tatoués de graffitis, petits cafés animés et bars rock, trésors rétro. En prime, un paisible cimetière.

Quartier de Tivoli (p. 22)
Le Copenhague affairé et accueillant s'enorgueillit d'abriter l'incroyable Nationalmuseet et se pare des jardins de Tivoli au charme intemporel.

Les incontournables

Jardins de Tivoli

Nationalmuseet

Vesterbro (p. 108)
Le cool copenhaguois à son apogée, où bars postindustriels, petits restos et galeries côtoient friperies et sex shops

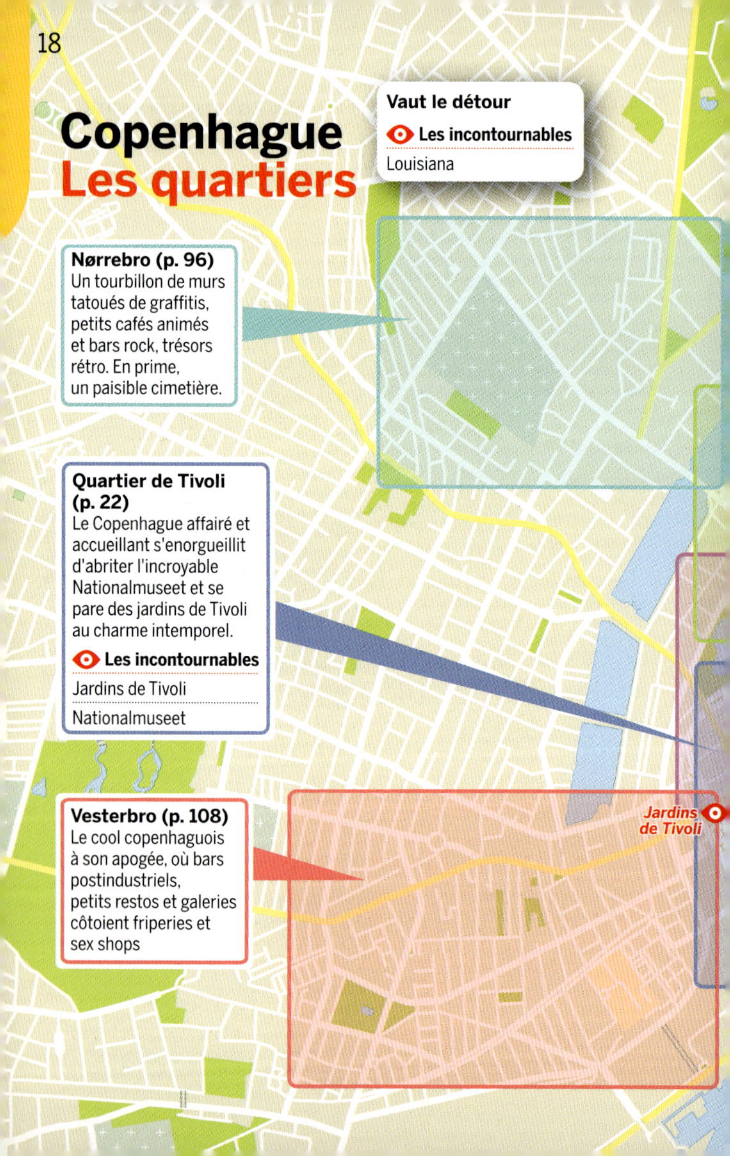

Jardins de Tivoli

Nørreport (p. 82)
Des bons produits de marchés aux chefs-d'œuvre artistiques, en passant par les trésors royaux et les élégants parcs, ce quartier est une fête pour les sens.

Les incontournables
Rosenborg Slot
Statens Museum for Kunst

Strøget et ses environs (p. 44)
Le meilleur de la mode et les cafés et bars branchés se rencontrent au détour des rues pavées du centre historique de Copenhague.

Nyhavn et le quartier royal (p. 58)
Des mâts et gréements oscillant dans le port, un palais royal rococo et une fameuse petite sirène : préparez votre appareil photo.

Les incontournables
Designmuseum Danmark

Christianshavn (p. 70)
Avec ses charmants canaux, bateaux et cafés et les rues fleurant le cannabis de la "commune libre" de Christiania, Christianshavn n'a rien à envier à Amsterdam.

Les incontournables
Christiania

Slotsholmen (p. 34)
Un palais, des ruines médiévales et une impressionnante bibliothèque cohabitent sur cette petite île où s'est fondée Copenhague.

Les incontournables
Christiansborg Slot

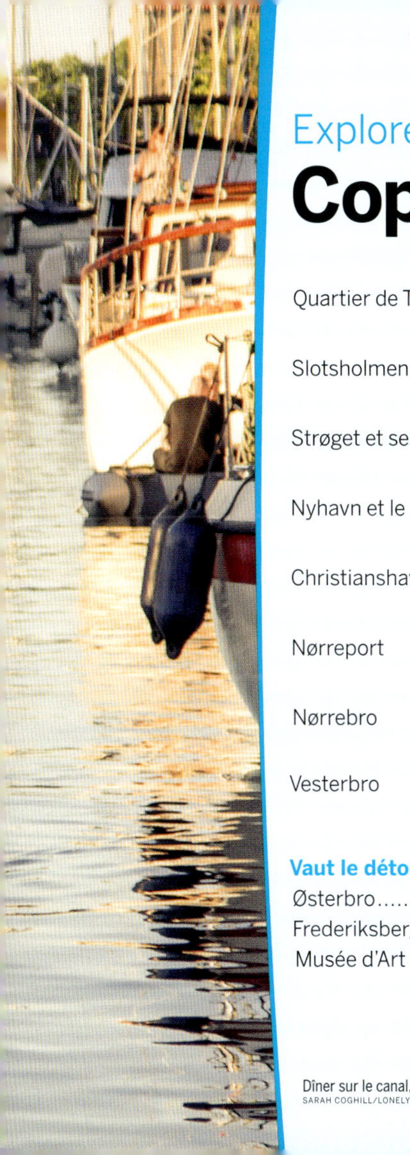

Explorer Copenhague

Vaut le détour

Dîner sur le canal, près de Nyhavn (p.58)

Explorer

Quartier de Tivoli

Le quartier de Tivoli constitue une excellente introduction à Copenhague : on y trouve la gare centrale, le principal office du tourisme et ce qui est sans doute le site phare de la ville, les jardins de Tivoli, en face desquels se trouve également Rådhuspladsen, la place de l'hôtel de ville, qui est le cœur même de la ville. Elle aurait été inspirée en partie par le Palio, la célèbre place de Sienne, en Italie.

L'essentiel en un jour

Vous venez d'arriver à Copenhague ? Alors, faites un tour à **l'office du tourisme principal** (p. 152), qui offre le Wi-Fi et distribue un plan gratuit (avec les lignes de bus). Juste en face, le Radisson Blu Royal Hotel fut créé par le designer danois Arne Jacobsen. De là, vous pourrez rejoindre rapidement le **Rådhus** (p. 31), le superbe hôtel de ville de Copenhague.

Une courte marche conduit au **Nationalmuseet** (p. 28). Traversez les millénaires au fil de sa collection avant de manger un morceau au **Kanal Caféen** (p. 32). Autre possibilité : déjeuner au jardin d'hiver de la **Ny Carlsberg Glyptotek** (p. 31), avant de profiter des plus belles collections d'œuvres impressionnistes et d'antiquités du Danemark.

Ensuite, troquez les œuvres d'art pour une dose d'adrénaline aux **jardins de Tivoli** (p. 24), tout près. Réservez une table au **Gemyse** (p. 25), l'un des nombreux restaurants de Tivoli. Si vous y êtes le vendredi soir, vous pourrez peut-être assister aux concerts de rock gratuits de la saison estivale. Sinon, faufilez-vous au **Nimb Bar** (p. 33), pour un bon verre.

Les incontournables

Jardins de Tivoli (p. 24)

Nationalmuseet (p. 28)

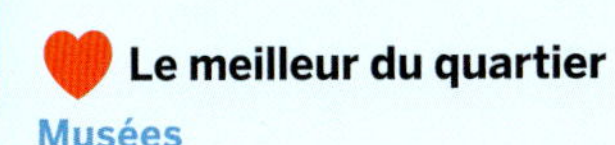

Le meilleur du quartier

Musées

Nationalmuseet (p. 28)

Ny Carlsberg Glyptotek (p. 31)

Se restaurer

Restaurant Mes (p. 32)

Bror (p. 32)

Kanal Caféen (p. 32)

Pour les enfants

Jardins de Tivoli (p. 24)

Comment y aller

Bus La plupart des lignes urbaines passent par la gare centrale ou Rådhuspladsen. Les lignes 6A et 26 desservent Frederiksberg Have via Vesterbro. La ligne 1A dessert Slotsholmen, Nyhavn, le quartier royal et Østerbro. Les lignes 2A et 37 desservent Christianshavn.

S-Tog Tous les trains marquent l'arrêt à la gare centrale et à Vesterport. Pour rejoindre le musée Louisiana, vous pouvez prendre un train régional à destination de Helsingør jusqu'à Humlebæk.

Les incontournables
Jardins de Tivoli

Réveillez l'enfant qui sommeille en vous ! Principal site touristique du pays, ce vieux parc d'attractions et jardin de loisirs (le deuxième plus ancien du monde) retentit de cris de jubilation depuis 1843. Il aurait même inspiré Walt Disney. De génération en génération, il s'attire de nouveaux fans avec ses manèges féeriques, ses pavillons exotiques, ses spectacles en plein air et ses feux d'artifice.

Plan p. 30, A3

www.tivoli.dk

adulte/- de 8 ans 120 DKK/ gratuit, ven après 19h 160 DKK/gratuit

11h-23h dim-jeu, jusqu'à minuit ven et sam début avr-fin sept, sinon horaires restreints

2A, 5C, 9A, 12, 26, 250S, S København H

Star Flyer

Le Star Flyer, l'un des plus hauts manèges du monde, vous fera tournoyer jusqu'à 80 m au-dessus du sol. Imaginez une balançoire dans les airs, progressant à 70km/h et dévoilant un panorama époustouflant des toits et des tours historiques de Copenhague. Les symboles astrologiques, quadrants et planètes représentés sont un hommage à l'astronome danois Tycho Brahe.

Montagnes russes

Parmi toutes les attractions de Tivoli, les *Rutschebanen* (littéralement, montagnes russes) ont souvent la faveur des visiteurs. Créé en 1914, ce manège vous fera passer sous et autour d'une fausse montagne, jusqu'à 60 km/h. Elles font partie des plus vieilles montagnes russes en bois en fonctionnement dans le monde. Pour davantage de sensations fortes, cap sur le Dæmonen (le Démon), une bête du XXIe siècle plus rapide, avec trois loopings à vous faire dresser les cheveux sur la tête.

Aquila

Comme le Star Flyer, l'Aquila (l'Aigle) est un clin d'œil au plus célèbre astronome du pays. L'attraction doit son nom à la constellation que Brahe observa avec son télescope du XVIe siècle. Ce manège époustouflant et effroyable vous fera expérimenter, la tête en bas, la force centrifuge version 4G. Si vous aimez voir le monde sous un angle différent (et si vous avez l'estomac bien accroché), l'Aquila est fait pour vous !

Les jardins

Outre les montagnes russes, les carrousels et les stands, Tivoli a d'autres facettes : de beaux jardins paysagers, des recoins tranquilles, une architecture éclectique. Faites retomber l'adrénaline à l'ombre de vénérables châtaigniers et ormes, et flânez autour du lac peuplé de carpes koï, de poissons

☑ À savoir

- Les billets de manège coûtent 25 DKK et il en faut jusqu'à 3 pour certaines attractions: le bracelet donnant un accès illimité (230 DKK) est plus intéressant si vous prévoyez de rester plusieurs heures.
- Les concerts gratuits du vendredi (uniquement pendant la saison estivale) débutent à 22h. Pour les têtes d'affiche, mieux vaut venir dès 20h pour avoir une place.

Une petite faim ?

Faites le plein de classiques danois à **Grøften** (33 75 06 75 ; www.groeften.dk ; *smørrebrød* 79-145 DKK, plats 149-385 DKK ; 12h-23h dim-jeu, 12h-minuit ven et sam début avr-fin sept, horaires réduits le reste de l'année ;), véritable institution de Tivoli.

Pour quelque chose de plus sophistiqué, optez pour **Gemyse** (88 70 00 00 ; www.nimb.dk ; menu 6 plats 250 DKK ; 12h-23h ;).

rouges et de canards. Ce dernier se situe à l'emplacement des anciennes douves de la ville et constitue l'endroit idéal pour immortaliser la tour chinoise (1900) qui le domine. Sur ce plan d'eau, la frégate *St George III* (XVIIIe siècle) accueille un restaurant.

Illuminations et feux d'artifice

Pendant la saison estivale, chaque soir, on se presse au bord du lac pour assister aux jets d'eau et aux spectacles laser. Certes, ce ne sont pas ceux de Dubaï ou de Las Vegas, mais la combinaison des lasers et de l'eau qui jaillit au son de l'orchestre n'en a pas moins du succès, surtout auprès des enfants. Les meilleurs endroits pour assister au spectacle sont le pont au-dessus du lac ou l'aire en face du Vertigo. Également incontournable en été : le feu d'artifice du samedi – des spectacles pyrotechniques ont aussi lieu du 26 au 30 décembre, pour le festival de feux d'artifice. Pour une bonne vue, filez tout droit à Plænen (la scène extérieure du Tivoli) ou vers l'espace qui entoure la grande fontaine. Consultez le site Internet pour connaître les dates et les horaires.

Musique live

Tivoli propose un riche programme de concerts. À l'intérieur, la Tivolis Koncertsal (salle de concert) reçoit surtout des musiciens classiques, ainsi que quelques comédies musicales et grands noms de la pop et du rock. À l'extérieur, la scène du Plænen accueille les vendredis soir les concerts gratuits des Fredagsrock, très populaires. Se déroulant de mi-avril à fin septembre, les concerts sont variés, allant de la pop et du rock au néofolk, en passant par le hip-hop, le jazz ou le funk (on a, par exemple, pu y voir Lil Wayne, 5 Seconds of Summer ou Erykah Badu). Tous les billets sont en vente au Tivoli Billetcenter ou en ligne, sur le site Internet de Tivoli.

Festivités de Noël

On ne peut que s'émerveiller à la vue de Tivoli en novembre et décembre, quand le parc tout entier se métamorphose en féerie hivernale (avec vrais rennes et manèges de Noël) pour la période de la fête de Yule. Le marché de Noël de Tivoli fait partie des événements incontournables de la ville, qui fleure alors bon les biscuits, les crêpes et le *gløgg* (vin chaud). C'est un endroit de choix pour trouver de l'artisanat nordique.

Théâtre de pantomime

Le charmant théâtre de pantomime a vu le jour en 1874. Il est l'œuvre de Vilhelm Dahlerup, architecte prolifique à qui l'on doit bon nombre des monuments emblématiques de Copenhague, comme la Ny Carlsberg Glyptotek et le Statens Museum for Kunst. Le goût de Dahlerup pour l'histoire transparaît dans sa création pour Tivoli, véritable ode à l'Extrême-Orient. Des pièces de la Commedia dell'arte y sont présentées, mais la scène accueille aussi d'autres types de spectacles, notamment des ballets modernes. Consultez le site Internet du Tivoli pour plus de détails.

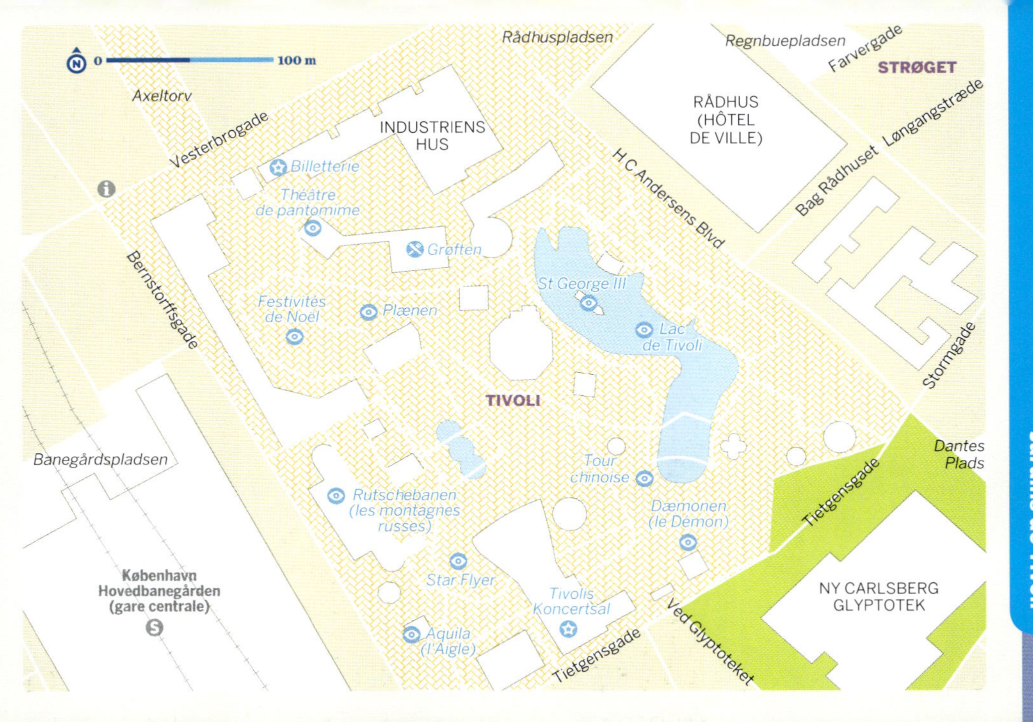
0
100 m
Axeltorv
Rådhuspladsen
Regnbuepladsen
Farvergade
STRØGET
RÅDHUS (HÔTEL DE VILLE)
Løngangstræde
Bag Rådhuset
INDUSTRIENS HUS
Vesterbrogade
Billetterie
Théâtre de pantomime
Grøften
H C Andersens Blvd
Bernstorffsgade
St George III
Lac de Tivoli
Festivités de Noël
Plænen
Stormgade
TIVOLI
Banegårdspladsen
Dantes Plads
Tour chinoise
Tietgensgade
Rutschebanen (les montagnes russes)
Dæmonen (le Démon)
Star Flyer
København Hovedbanegården (gare centrale)
Tivolis Koncertsal
NY CARLSBERG GLYPTOTEK
Aquila (l'Aigle)
Tietgensgade
Ved Glyptoteket

Les incontournables
Nationalmuseet

Le Musée national de Copenhague transporte les visiteurs à travers un millénaire d'histoire danoise. Installé dans un ancien palais royal, il est en quelque sorte le coffre aux trésors historiques du pays, avec des pièces comme le célèbre char solaire danois, la momie de la femme de Huldremose et toutes sortes d'objets vikings. Outre ces objets emblématiques, le musée abrite un ensemble éclectique d'acquisitions étrangères, avec notamment des monnaies antiques, des costumes chinois et des objets aborigènes australiens.

Musée national

Plan p. 30, C3

www.natmus.dk

plein tarif/enfant 85 DKK/ gratuit

10h-17h mar-dim

1A, 2A, 9A, 11A, 14, 26, 37
S København H

Préhistoire danoise

La collection préhistorique, située au rez-de-chaussée, réunit un grand nombre des pièces les plus remarquables du musée, comme le beau char solaire, vieux de 3 500 ans et le spectaculaire chaudron de Gundestrup, finement décoré d'or et d'argent, qui daterait du Ier siècle avant notre ère. Encore plus surprenante, la momie de la femme de Huldremose, une voyageuse de l'âge du fer toujours drapée dans ses vêtements, est bien préservée.

Moyen Âge et Renaissance au Danemark

Le 1er étage expose des objets du Moyen Âge et de la Renaissance datant de 1050 à 1660. Vous y verrez notamment des aquamaniles (récipients en formes d'animaux utilisés dans les églises danoises pour des rituels de lavage des mains).

Histoires du Danemark : 1660-2000

À l'étage, l'exposition intitulée *Histoires du Danemark : 1660-2000* retrace l'évolution du pays, depuis la monarchie absolue jusqu'à la nation moderne, en trois sections chronologiques : *Sous la monarchie absolue 1660-1848*, *Peuple et nation 1848-1915* et *État providence 1915-2000*. Les sujets couvrent notamment la suite de défaites militaires humiliantes subies par le Danemark, qui ont obligé ce pays autrefois puissant et conquérant à revoir son rôle international.

Trésors ethnographiques

La collection ethnographique du Musée national est l'une des moins connues et visitées. Vous y verrez notamment une extraordinaire fourrure pour enfant provenant du Canada, ornée de 80 amulettes, dont une dent de renard et une patte de goéland. Ces décorations étaient censées repousser le mauvais œil et attirer la chance.

À savoir

- Les billets sont valables toute la journée, ce qui vous permet de quitter le musée et de revenir plus tard dans la journée si vous le souhaitez. Des casiers gratuits sont disponibles.
- Le musée propose plusieurs brochures en téléchargement sur son site Internet pour des visites en indépendant. L'une d'elles est une visite d'une heure en famille, mais vous y trouverez aussi un guide pour enfants des principales pièces du musée.

Une petite faim ?

Oubliez le restaurant du musée pour vous offrir un repas typiquement danois au Kanal Caféen (p. 32), au bord du canal.

Rendez-vous au Ved Stranden 10 (p. 51) pour un verre de vin après la visite du musée.

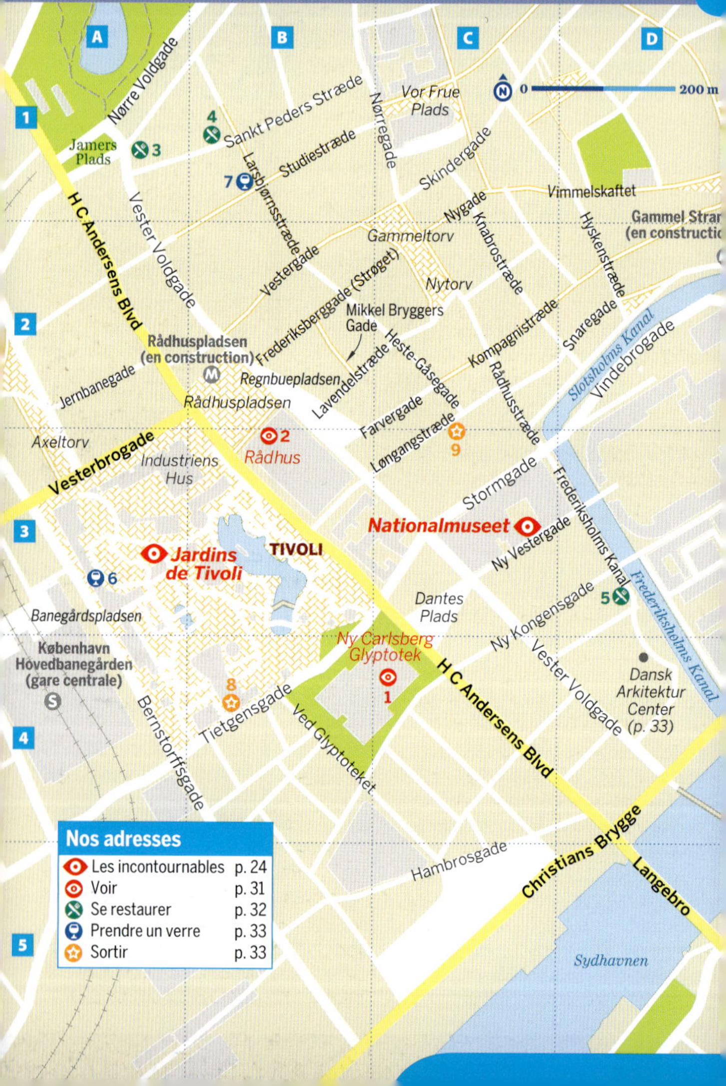

A
B
C
D
1
2
3
4
5
0
200 m
Nørre Voldgade
Jamers Plads
Sankt Peders Stræde
Studiestræde
Larsbjørnsstræde
Nørregade
Vor Frue Plads
Skindergade
Vimmelskaftet
Gammel Strand (en construction)
Nygade
Knabrostræde
Hyskenstræde
Gammeltorv
Nytorv
Vestergade
Vester Voldgade
H C Andersens Blvd
Frederiksberggade (Strøget)
Mikkel Bryggers Gade
Kompagnistræde
Snaregade
Slotsholms Kanal
Vindebrogade
Rådhuspladsen (en construction)
Regnbuepladsen
Lavendelstræde
Heste-Gåsegade
Rådhusstræde
Jernbanegade
Rådhuspladsen
Farvergade
Løngangstræde
Axeltorv
Vesterbrogade
Industriens Hus
Rådhus
Stormgade
Frederiksholms Kanal
Nationalmuseet
Ny Vestergade
Jardins de Tivoli
TIVOLI
Banegårdspladsen
Dantes Plads
Ny Kongensgade
København Hovedbanegården (gare centrale)
Ny Carlsberg Glyptotek
Vester Voldgade
Dansk Arkitektur Center (p. 33)
Bernstorffsgade
Tietgensgade
Ved Glyptoteket
H C Andersens Blvd
Hambrosgade
Christians Brygge
Langebro
Sydhavnen
Nos adresses
Les incontournables p. 24
Voir p. 31
Se restaurer p. 32
Prendre un verre p. 33
Sortir p. 33

Ny Carlsberg Glyptotek

Voir

Ny Carlsberg Glyptotek MUSÉE

1 Plan p. 30, C4

La Ny Carlsberg Glyptotek, caractéristique de l'architecture de la fin du XIXe siècle, se distingue par l'éclectisme de ses collections. Elle présente d'une part le plus grand fonds d'antiquités d'Europe du Nord, et d'autre part une belle collection d'œuvres danoises et françaises du XIXe siècle. Elle compte notamment le plus grand ensemble de sculptures de Rodin en dehors de la France et pas moins de 47 toiles de Gauguin, aux côtés d'œuvres de Cézanne, Van Gogh, Pissarro, Monet, Renoir... Une partie de la collection des antiquités était fermée au public pour rénovation au moment de la rédaction de ce guide. (☎33 41 81 41 ; www.glyptoteket.dk ; Dantes Plads 7, HC Andersens Blvd ; adulte/enfant 95DKK/gratuit, gratuit mar ; ⏲11h-18h mar-dim, jusqu'à 22h jeu ; 🚌1A, 2A, 9A, 37, S København H)

Rådhus BÂTIMENT HISTORIQUE

2 Plan p. 30, B3

L'hôtel de ville de Copenhague, de style national romantique, est l'œuvre de l'architecte Martin Nyrop. Achevé en 1905, il abrite la curieuse **horloge astronomique de Jens Olsen**, conçue par l'astromécanicien Jens Olsen (1872-1945) pour une somme

Bon plan

Beaucoup de visiteurs de la Ny Carlsberg Glyptotek (p. 31) passent à côté de sa merveilleuse terrasse, au dernier étage. Dotée de chaises pour paresser, elle offre surtout une vue superbe sur l'élégant dôme du musée et sur le reste de la ville.

d'un million de couronnes. Outre l'heure locale, elle indique notamment l'heure solaire, l'heure sidérale, les lever et coucher du soleil, les positions des planètes, le calendrier grégorien et même les jours fériés qui ne sont pas à date fixe ! Vous pourrez aussi gravir les 105 m de la **tour** de l'hôtel de ville (30 DKK ; visites 11h et 14h lun-ven, 12h sam, minimum 4 pers) pour une vue aérienne de la ville. (Hôtel de ville ; 33 66 25 86 ; www.kk.dk ; Rådhuspladsen ; entrée libre ; 9h-16h lun-ven, 9h30-13h sam ; 2A, 12, 14, 26, 33, 250S, S København H)

Se restaurer

Restaurant Mes

DANOIS **$$$**

3 Plan p. 30, A1

Cette étoile montante est apparue sur la scène locale en 2017. Tenue par Mads Rye Magnusson (ancien chef du Geranium, trois étoiles au guide Michelin), c'est une adresse intimiste, agréablement originale, avec mur de mousse et des toilettes décorées par l'artiste local Fy. La carte, impressionnante, fait la part belle aux produits frais et montre l'étendue des talents du jeune chef. (25 36 51 81 ; restaurant-mes.dk ; Jarmers Plads 1 ; menu 5 plats 350 DKK ; 17h30-minuit lun-sam ; ; 2A, 5C, 6A, 250S, S Vesterport)

Bror

NOUVELLE CUISINE NORDIQUE **$$$**

4 Plan p. 30, B1

Fondé par les anciens seconds du Noma, Sam Nutter et Viktor Wågam, ce petit restaurant ne paie pas de mine, mais il propose des plats d'une qualité irréprochable à base de superbes ingrédients nordiques. Les vins, naturels, bio ou produits en biodynamie, sont parfaitement associés à des créations joliment équilibrées comme la mousse au chocolat, gelée et sorbet à la camomille, mûres et tuile. (25 36 51 81 ; www.restaurantbror.dk ; Sankt Peders Stræde 24A ; menu 4-/5 plats 450/625 DKK ; 17h30-minuit mer-dim ; ; 2A, 5C, 6A, 250S, M Nørreport, S Nørreport)

Kanal Caféen

DANOIS **$$**

5 Plan p. 30, D3

Connue pour son personnel bourru et son délicieux hareng, cette confortable et célèbre adresse à la décoration marine dispose d'un ponton ombragé sur le canal, très agréable en été. Commandez du Linie Aquavit (eau de vie vieillie en mer en fûts de sherry) et le Kanal Platter, véritable festin de classiques danois, notamment des harengs marinés, du carrelet pané et du porc rôti au chou rouge mariné. (33 11 57 70 ; www.

kanalcafeen.dk ; Frederiksholms Kanal 18 ; *smørrebrød* 64-127 DKK, assiette à partir de 205 DKK/pers ; 11h-17h lun-ven, 11h30-15h sam ; 1A, 2A, 9A, 14, 26, 37)

Prendre un verre

Nimb Bar

BAR À COCKTAILS

Plan p. 30, A3

Si vous aimez les lustres en cristal, les fresques étonnantes et les feux de bois, c'est une adresse à ne pas manquer. Situé à l'intérieur du très chic Hotel Nimb, il fut fondé par Angus Winchester, barman de légende. La bière est bon marché, mais on vient surtout pour les cocktails, classiques et de saison. (88 70 00 00 ; www.nimb.dk ; Hotel Nimb, Bernstorffsgade 5 ; 11h-minuit dim-jeu, jusqu'à 1h ven et sam ; ; 2A, 5C, 9A, 250S, S København H)

Living Room

CAFÉ

Plan p. 30, B1

Occupant trois niveaux dans un décor vintage de salon de thé marocain, voici une adresse très *cosy* (quoique souvent très animée) pour déguster une tasse de café ou de thé, une limonade ou un smoothie maison. Des cocktails et autres boissons alcoolisées sont également servis en soirée. (33 32 66 10 ; www.facebook.com/thelivingroomdk ; Larsbjørnsstræde 17 ; 9h-23h lun-jeu, 9h-2h ven, 10h-2h sam, 10h-19h dim ; ; 5C, 6A, 10, 14, M Nørreport, S Nørreport)

100% copenhaguois

Installé à l'intérieur du bâtiment Blox de l'architecte Rem Koolhaas, le Dansk Arkitektur Center (p. 142) accueille des expositions temporaires sur l'architecture danoise et internationale. Le week-end, de fin mai à septembre, le DAC organise des promenades de 1 h 30 à la découverte de l'architecture contemporaine de la ville (125 DKK).

Sortir

Tivoli Koncertsal

SALLE DE CONCERT

Plan p. 30, B4

La salle de concert de Tivoli accueille des orchestres symphoniques danois et internationaux, des quartets à cordes et autres performances, sans parler des artistes de musique contemporaine et des compagnies de danse. Achats de billets en ligne ou à la billetterie du Tivoli, près de l'entrée principale du parc, sur Vesterbrogade. (www.tivoli.dk ; Tietgensgade 30 ; 1A, 2A, 5C, 9A, 37, 250S, S København H)

Mojo

BLUES

Plan p. 30, C3

Cette adresse ravira les amateurs de blues, de bluegrass et de soul. Concerts tous les soirs, suivis de soirées avec DJ. Ambiance détendue et conviviale. Grand choix de bières pression. (33 11 64 53 ; www.mojo.dk ; Løngangstræde 21C ; 20h-5h ; 1A, 2A, 9A, 12, 14, 26, 33, 37, S København H)

Explorer

Slotsholmen

L'îlot de Slotsholmen est au cœur même de l'histoire de Copenhague. En son centre se dresse Christiansborg Slot, siège du gouvernement national. En sous-sol, on trouve les traces du passé médiéval de Copenhague et tout autour, une abondance de musées, parmi lesquels le musée Thorvaldsens, ode au plus grand sculpteur du Danemark. À cela s'ajoute enfin le "diamant noir" de la bibliothèque royale, l'un des édifices contemporains les plus appréciés du Danemark.

L'essentiel en un jour

Commencez la journée en jetant un œil au **Christiansborg Slot** (p. 36), qui abrite les élégantes salles de réception royales et les plus anciennes ruines de la ville. L'ascension de la haute tour du palais (gratuite) permet de voir d'en haut la belle capitale danoise.

Pour un déjeuner mémorable, réservez une table au restaurant **Tårnet** (p. 43), à moins que vous ne préfériez une alternative plus simple et moins onéreuse, comme le café **Øieblikket** (p. 43). Ce dernier se trouve à l'intérieur du spectaculaire "diamant noir", qui fait partie de l'impressionnante Det Kongelige Bibliotek.

Après avoir exploré la bibliothèque, vous pourrez passer le reste de la journée à admirer les beautés ciselées du sculpteur le plus admiré du Danemark au **musée Thorvaldsens** (p. 41). Sinon, vous pouvez également découvrir un côté moins connu de la société danoise au **musée Dansk Jødisk** (p. 42) ou faire vibrer le comédien qui sommeille en vous au **Teatermuseet** (p. 38). Mais quel que soit votre choix, ne quittez pas l'île sans avoir vu **Børsen** (p. 42), l'un des plus beaux et des plus anciens édifices de Copenhague.

Les incontournables

Christiansborg Slot (p. 36)

Le meilleur du quartier

Musées

Thorvaldsens Museum (p. 41)

Dansk Jødisk Museum (p. 42)

Ruinerne under Christiansborg (p. 37)

Architecture

Christiansborg Slot (p. 36)

Det Kongelige Bibliotek (p. 41)

Børsen (p. 42)

Comment y aller

Bus Slotsholmen est desservi par de nombreux bus. Les lignes 1A, 2A, 9A, 14, 26, 40 et 66 passent par l'île, où il est facile de se déplacer à pied.

Métro La station de métro la plus proche est Christianshavn, à 400 m à l'est de Slotsholmen.

Navettes fluviales Les bateaux s'arrêtent juste à côté de la Det Kongelige Bibliotek.

Les incontournables
Christiansborg Slot

Les fans de la série politique danoise *Borgen* savent que c'est ici que travaille la fringante (et fictionnelle) *statsminister* (Premier ministre), Birgitte Nyborg. Pour les autres, cet impressionnant palais marque simplement le cœur de Copenhague. C'est la base du pouvoir de la nation. On y trouve le Parlement danois, le bureau du Premier ministre et la Cour suprême, ainsi qu'un éventail éclectique d'ornements et d'objets précieux – tapisseries, carrosses...

Plan p. 40, B2

www.christiansborg.dk

10h-17h tlj mai-sept, fermé lun oct-avr

1A, 2A, 9A, 26, 37, 66, Det Kongelige Bibliotek, M Christianshavn

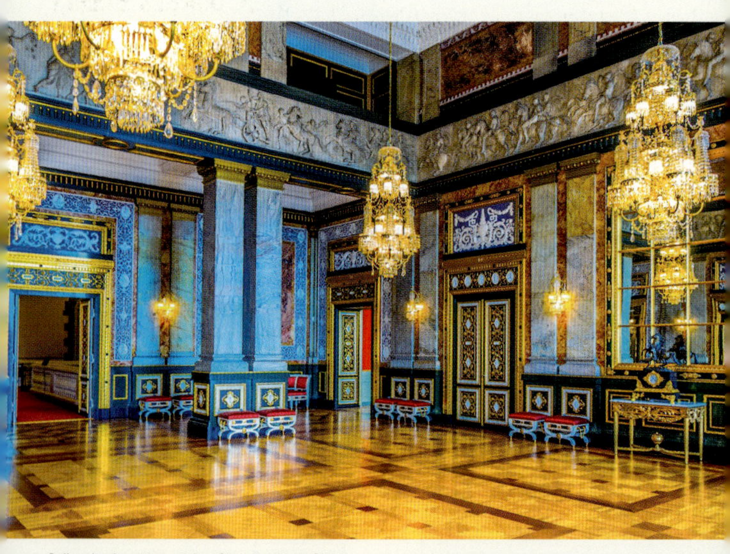

Salles de réception royales, Christiansborg Slot

Salles de réception royales

La partie la plus grandiose de Christiansborg est sans conteste **De Kongelige Repræsentationslokaler** (salles de réception royales ; adulte/enfant 90 DKK/gratuit ; visites guidées en danois/anglais 11h/15h), série de 18 salles élégantes où la reine reçoit les chefs d'État et organise les banquets royaux. La bibliothèque de la reine est particulièrement marquante, merveille dorée ornée de lustres, de stucs et d'une petite partie de la collection de livres de la famille royale. Mention spéciale, toutefois, pour la Grande Salle et ses tapisseries colorées dépeignant 1 000 ans d'histoire du Danemark. Signées Bjørn Nørgaard, elles furent achevées en 2000 ; leur réalisation demanda une décennie. Ne manquez pas la représentation du roi et de la reine évoquant Adam et Ève (vêtus pour leur part !) dans un jardin d'Éden danois.

Ruines de la forteresse

Une promenade dans les entrailles de Slotsholmen, connues sous le nom de **Ruinerne under Christiansborg** (ruines sous Christiansborg ; adulte/enfant 50 DKK/gratuit, billet combiné avec les salles de réception royales, les cuisines et les écuries 150 DKK/gratuit) offre une perspective unique sur la riche histoire de Copenhague. Au sous-sol du château actuel subsistent les ruines de la forteresse d'origine de Slotsholmen – bâtie par l'évêque Absalon en 1167 – et de son successeur, le château de Copenhague. Parmi ces vestiges, on trouve en outre les murs d'enceinte de chaque bâtiment, ainsi qu'un puits, un four, des canalisations et les fondations de la tour bleue du château, célèbre pour avoir été l'endroit où fut emprisonnée pour trahison la fille de Christian IV, Leonora Christina, de 1663 à 1685.

À savoir

- Si vous prévoyez de visiter plusieurs des sites de Christiansborg Slot, choisissez le billet combiné. Coûtant 150 DKK (gratuit pour les -18 ans), il inclut l'accès aux salles de réception royales, aux ruines de la forteresse, aux écuries royales, ainsi qu'aux cuisines royales, étonnamment intéressantes. Billet valable un mois.

Une petite faim ?

- Réservez une table au restaurant Tårnet (p. 43) pour un *smørrebrød* exceptionnel, une bière et une vue incroyable sur le Tivoli.

- Pour une solution moins chère, vous pouvez opter pour des salades et sandwichs près du port, au Øieblikket (p. 43).

Écuries royales

Achevées en 1740, les deux ailes incurvées et symétriques situées derrière Christiansborg Slot faisaient partie du palais baroque d'origine, détruit par un incendie en 1794. Elles abritent toujours De Kongelige Stalde (p. 42) et son musée de carrosses anciens, d'uniformes et d'équipements d'équitation, dont certains sont encore utilisés lors des réceptions royales. Parmi les carrosses, vous pourrez notamment voir celui du XIXe siècle, doré à la feuille d'or 24 carats, qu'utilise traditionnellement le couple royal pour aller d'Amalienborg au Christiansborg à l'occasion de la réception du Nouvel An.

Tour

La **tour du palais** (https://taarnet.dk ; 11h-21h mar-dim) a été ouverte au public pour la première fois en 2014. Étant la plus haute tour de la ville, elle offre une vue imprenable sur la capitale danoise. La tour abrite aussi le restaurant Tårnet (p. 43), qui appartient au prolifique Rasmus Bo Bojesen. Le déjeuner, avec *smørrebrød* contemporains et fromages danois, est plus intéressant que le dîner (tant pour le rapport qualité/prix que pour la vue). C'est une adresse très prisée : réservez.

Christiansborg Slotskirke

En 1992, le jour du carnaval de Copenhague, une tragédie frappa la **Christiansborg Slotskirke** (10h-17h dim tout juil, aux vacances de Pâques et d'automne danoises), une église néoclassique conçue par C.F. Hansen (XIXe siècle). Un jet de feu d'artifice, retombé sur l'échafaudage qui entourait l'édifice, provoqua un incendie sur le toit ; la coupole fut détruite. Ne possédant aucun plan architectural du dôme ou de la construction du toit, les archéologues durent enregistrer systématiquement les vestiges calcinés avant de reconstruire difficilement la chapelle. Miraculeusement, l'admirable frise de Bertel Thorvaldsen qui entoure le plafond juste sous la coupole fut épargnée.

Musée du Théâtre

L'ancien Hofteater (théâtre de la Cour), érigé en 1767, ne manque pas de cachet ; son apparence actuelle date de 1842. Des opéras italiens aux ballets locaux (il a vu se produire Hans Christian Andersen, alors apprenti danseur), il a accueilli toutes sortes de représentations. C'est aujourd'hui le **Teatermuseet** (www.teatermuseet.dk ; Christiansborg Ridebane 18 ; adulte /enfant 40 DKK/gratuit ; 12h-16h mar-dim). La scène, les loges et les coulisses sont ouvertes à la visite. L'histoire du théâtre danois est reconstituée à travers la présentation de maquettes, d'esquisses, de costumes et d'affiches d'époque.

Comprendre

L'histoire du Christiansborg Slot

Le Christiansborg Slot est une sorte de phénix architectural. Le palais s'est en effet élevé sur les vestiges d'une série de monuments : les châteaux médiévaux ont laissé place au bâtiment actuel, à l'élégante beauté baroque.

Château de l'évêque Absalon

Selon Saxo Grammaticus, moine et historien de l'époque médiévale, l'évêque Absalon de Roskilde fit ériger en 1167 un château sur un îlot au large de la petite ville de Havn. L'îlot allait devenir Slotsholmen. Le château fut entouré d'un mur-rideau en pierre calcaire, dont on peut encore voir des vestiges sous l'ensemble architectural actuel. En dépit de fréquentes attaques, le monument d'Absalon tint bon pendant 200 ans, avant qu'un conflit entre Valdemar IV du Danemark et la Ligue hanséatique ne mène à sa destruction, en 1369.

Château de Copenhague

À la fin du XIVe siècle, le site avait recouvré sa grandeur, grâce à l'édification du château de Copenhague. Ce nouveau monument était en outre doté de douves et d'une tour solide qui en marquait l'entrée. Le château resta la propriété de l'évêque de Roskilde jusqu'en 1417, date à laquelle Erik de Poméranie s'en empara et en fit une propriété royale. Transformé au fil du temps – Christian IV ajouta une flèche à la tour d'entrée –, il fut entièrement reconstruit par Frédéric IV, qui fut manifestement mal conseillé sur le plan technique : le château commença à craquer sous son propre poids, ce qui conduisit à sa démolition précipitée dans les années 1730.

Christiansborg : un, deux, trois

C'est ainsi que vit le jour le premier Christiansborg Slot en 1745. Commandé par Christian VI et conçu par l'architecte Elias David Häusser, il vola en fumée en 1794. La seule partie épargnée fut celle des écuries royales. Reconstruit au début du XIXe siècle, il devint le siège du Parlement en 1849, avant d'être une nouvelle fois détruit par le feu en 1884. En 1907, Frédéric VIII posa la première pierre du troisième Christiansborg Slot. Dessiné par Thorvald Jørgensen et achevé en 1928, il prit une dimension nationale : sa façade néobaroque fut ornée de granit provenant de tout le pays.

A B C D E
1 2 3 4
0 100 m
Højbro
Vindebrogade
Ved Stranden
Laksegade
Nikolajgade
Admiralgade
Holmens Kanal
Niels Juels Gade
Snaregade
Knabrostræde
Magstræde
Nybrogade
Slotsholms Kanal
Bertel Thorvaldsens Plads
1 Thorvaldsens Museum
Christiansborg Slotsplads
Holmens Bro
Havnegade
Nationalbanken
Porthusgade
7
Christiansborg Ridebane
Stormbro
Christiansborg Slot
Tøjhusgade
Børsgade
Børsen 3
Christian IV's Bro
Ministerialbygning
Slotsholmsgade
Nationalmuseet
Marmorbroen
De Kongelige Stalde 5
6 Tøjhusmuseet
Det Kongelige Bibiliotekts Have
Ny Vestergade
Frederiksholms Kanal
Knippelsbro
Prinsensbro
4 Dansk Jødisk Museum
Christians Brygge
Inderhavnen
Ny Kongensgade
SLOTSHOLMEN
Søren Kierkegaards Plads
8
Christian IV's Bryghus
Det Kongelige Bibliotek 2
9
CHRISTIANSHAVN

Nos adresses

Les incontournables	p. 36
Voir	p. 41
Se restaurer	p. 43

Le "diamant noir"

Voir

Thorvaldsens Museum MUSÉE

 Plan p. 40, B1

Cet édifice aux faux airs de mausolée d'inspiration gréco-romaine est en réalité un musée consacré au célèbre sculpteur danois Bertel Thorvaldsen (1770-1844). Ce dernier, qui vécut longtemps à Rome, fut fortement influencé par la mythologie classique. À son retour à Copenhague, il fit don de sa collection privée au peuple danois. La famille royale céda le terrain nécessaire à la construction de cet ensemble architectural qui renferme les dessins, peintures, sculptures et moulages en plâtre du maître, ainsi que sa collection d'antiquités méditerranéennes. (☎33 32 15 32 ; www.thorvaldsensmuseum.dk ; Bertel Thorvaldsens Plads ; adulte/- de 18 ans 70 DKK / gratuit, mer gratuit ; ⏰10h-17h mar-dim ; 🚌1A, 2A, 26, 37, 66)

Det Kongelige Bibliotek BIBLIOTHÈQUE

 Plan p. 40, C4

La plus grande bibliothèque de Scandinavie est divisée en deux parties distinctes : le monument en brique rouge d'origine datant du XIXe siècle et l'extension dite du "diamant noir", un parallélogramme incliné en granit noir poli et verre fumé. Depuis le vaste atrium donnant sur le port, un escalator monte vers

Œuvre musicale

Si vous en avez la possibilité, soyez présent au diamant noir de la bibliothèque royale (p. 41) à 13h, lorsque cet espace habituellement tranquille se transforme pour 3 minutes en paysage musical. Créée par le compositeur danois Jens Vilhelm Pedersen (alias Fuzzy) et intitulée *Katalog*, cette œuvre consiste en 52 compositions électro-acoustiques différentes, une pour chaque semaine de l'année.

la fresque de 210 m² du Danois Per Kirkeby qui orne le plafond. Au-delà, au bout du couloir, la bibliothèque d'origine a conservé sa salle de lecture à l'ancienne, avec ses lampes de bureau vintage et ses colonnes classiques. (bibliothèque royale ; ✆33 47 47 47 ; www.kb.dk ; Søren Kierkegaards Plads ; gratuit ; ⏲8h-19h lun-ven, 9h-19h sam juil-août, 8h-21h lun-ven, 9h-19h sam le reste de l'année ; 🚌66, ⛴Det Kongelige Bibliotek)

Børsen

BÂTIMENT HISTORIQUE

Plan p. 40, D2

Surmontée d'une flèche de 56 m de hauteur, formée par quatre dragons dont les queues s'entremêlent, la bourse de Copenhague est unique. Construit au début du XVIIe siècle, sous le règne de Christian IV, le bâtiment est considéré comme l'un des plus beaux exemples de l'architecture de la Renaissance danoise, avec ses pignons richement ornementés. Sa chambre de commerce, encore en activité, est la plus ancienne d'Europe, mais le bâtiment n'est généralement pas ouvert au public. (Børsgade ; 🚌2A, 9A, 37, 66)

Dansk Jødisk Museum

MUSÉE

Plan p. 40, C3

Conçu par Daniel Libeskind, le Musée juif danois occupe l'ancien hangar à bateaux royal, un bâtiment du début du XVIIe siècle qui faisait autrefois partie de l'ensemble portuaire de Christian IV. À l'intérieur, transformée en un curieux espace géométrique, l'exposition permanente est consacrée à l'histoire des juifs du Danemark. Parmi les événements historiques couverts, on trouve notamment le sauvetage des juifs danois de la Seconde guerre mondiale. (✆33 11 22 18 ; www.jewmus.dk ; Proviantpassagen 6, entrée dans le jardin de la bibliothèque royale ; adulte/enfant 60 DKK/gratuit ; ⏲10h-17h mar-dim juin-août, 13-16h mar-ven, 12h-17h sam et dim le reste de l'année ; 🚌66, ⛴Det Kongelige Bibliotek)

De Kongelige Stalde

MUSÉE

Plan p. 40, B3

Achevées en 1740, les deux ailes incurvées et symétriques situées derrière Christiansborg Slot faisaient partie du palais baroque d'origine, détruit par un incendie en 1794. Elles abritent toujours les écuries royales et leur musée de carrosses anciens, d'uniformes et d'équipements d'équitation, dont certains sont encore utilisés lors des réceptions royales.

(☎33 40 10 10 ; www.kongehuset.dk ; adulte/enfant 50 DKK/gratuit ; 13h30-16h tlj mai-sept, fermé lun oct-avr, visites guidées en anglais 14h sam ; 1A, 2A, 9A, 26, 37, 66)

Tøjhusmuseet

MUSÉE

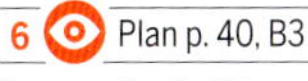
6 Plan p. 40, B3

Le musée de l'Arsenal royal présente une impressionnante collection de matériel de guerre ancien : armures médiévales, canons, pistolets, épées, bombe volante de la Seconde Guerre mondiale... Le bâtiment, construit par Christian IV en 1600, comprend la plus longue salle voûtée Renaissance d'Europe. (☎33 11 60 37 ; www.natmus.dk ; Tøjhusgade 3 ; adulte/enfant 65DKK/gratuit ; 10h-17h mar-dim ; 1A, 2A, 9A, 14, 26, 37, 66)

Se restaurer

Tårnet

DANOIS $$

7 Plan p. 40, C2

N'hésitez pas à réserver une table dans ce restaurant que le prolifique restaurateur Rasmus Bo Bojesen a ouvert à l'intérieur de la tour de Christiansborg Slot. Le déjeuner est d'un meilleur rapport qualité/prix que le dîner, avec notamment un des meilleurs *smørrebrød* de la ville. Si l'on compte généralement deux *smørrebrød* par personne, certaines versions à la carte sont particulièrement copieuses (notamment le tartare), mieux vaut donc vous renseigner avant de commander. (☎33 37 31 00 ; http://taarnet.dk/restauranten ; Christiansborg Slotsplads, Christiansborg Slot ; *smørrebrød* déj 85-135 DKK, plats dîner 235 DKK ; 11h30-23h mar-dim, la cuisine ferme à 22h ; ; 1A, 2A, 9A, 26, 37, 66, Det Kongelige Bibliotek)

Søren K

DANOIS MODERNE €€

8 Plan p. 40, D4

Baigné de lumière même lorsqu'il fait gris, le restaurant chic de la bibliothèque royale, au bord de l'eau, se distingue par l'excellence de ses produits de saison. La carte fait la part belle aux petites assiettes revisitant de manière contemporaine des classiques nordiques. Une adresse qui privilégie franchement la qualité à la quantité. (☎33 47 49 49 ; http://soerenk.dk ; Søren Kierkegaards Plads 1 ; 1/5 plats 120/500 DKK ; 12h-15h et 17h30-22h lun-sam ; ; 66, Det Kongelige Bibliotek)

Øieblikket

CAFÉ €

9 Plan p. 40, C4

Le café au rez-de-chaussée de la bibliothèque royale offre une petite carte d'en-cas frais et bon marché : soupe, quelques salades et sandwichs, et une profusion de gâteaux et pâtisseries pour l'après-midi. Bon café. Chaises longues sur le port idéales pour prendre le soleil. (☎33 47 41 06 ; Søren Kierkegaards Plads 1 ; soupe et salades 40-45 DKK, sandwichs 50-55 DKK ; 8h-19h lun-ven, 9h-18h sam ; ; 9A, Det Kongelige Bibliotek)

Explorer

Strøget et ses environs

La zone piétonne de Strøget (prononcer *stroll*), composée de cinq rues, se faufile à travers le cœur historique de Copenhague, de la Rådhuspladsen à Kongens Nytorv. Beaucoup des sites, restaurants, bars et boutiques les plus intéressants se trouvent cependant en retrait de l'artère principale, dans le quartier latin ou ses environs. Parmi eux se trouvent notamment la très austère cathédrale de Copenhague et l'étonnante tour ronde du roi Christian IV.

L'essentiel en un jour

Commencez au **Latinerkvarteret** (quartier latin ; p. 48). Profitez-en pour aller admirer les fameuses sculptures de Bertel Thorvaldsen dans la **Vor Frue Kirke** (p. 48) et pour explorer les librairies, les cafés, les magasins et les vieux monuments dans des rues comme Studiestræde, Krystalgade, Fiolstræde et Kannikestræde. À l'extrémité est de Kannikestræde, gravissez la **Rundetårn** (p. 48) pour contempler la vue.

Pour des *smørrebrød* dans un cadre historique, cap sur le **Schønnemann** (p. 50). Ou bien, testez un hot-dog bio chez **DØP** (p. 51), qui propose même une version végétarienne. Les rues à l'est de DØP et de Schønnemann sont pleines d'excellentes boutiques, comme **Han Kjøbenhavn** (p. 57), **Wood Wood** (p. 57) et **Hay House** (p. 55). Pour un après-midi art contemporain, visitez le **Kunstforeningen GL Strand** (p. 48) et le **Nikolaj Kunsthal** (p. 49).

Après un verre de vin méticuleusement sélectionné au **Ved Stranden 10** (p. 51) ou un somptueux cocktail au **Ruby** (p. 52), vous pourrez vous offrir un dîner pan-asiatique à **The Market** (p. 50) à moins que vous n'ayez réservé une table au **Marv & Ben** (p. 50) pour découvrir sa nouvelle cuisine nordique. En fin de semaine, un verre au **1105** (p. 52) permettra de finir la journée en beauté.

Le meilleur du quartier

Se restaurer

Schønnemann (p. 50)

The Market (p. 50)

Prendre un verre

Ved Stranden 10 (p. 51)

Ruby (p. 52)

Mother Wine (p. 52)

Shopping

Hay House (p. 55)

Stilleben (p. 55)

Storm (p. 56)

Posterland (p. 56)

Comment y aller

Bus La plupart des grandes lignes contournent le centre historique, très compact. La seule ligne qui le traverse véritablement est la 14, qui relie Nørreport à Vesterbro via les jardins de Tivoli et la gare centrale.

Métro La station Kongens Nytorv est située à deux pas de l'extrémité est de Strøget. La station Nørreport, à la lisière nord-ouest du centre-ville, est desservie par le métro et le S-Tog.

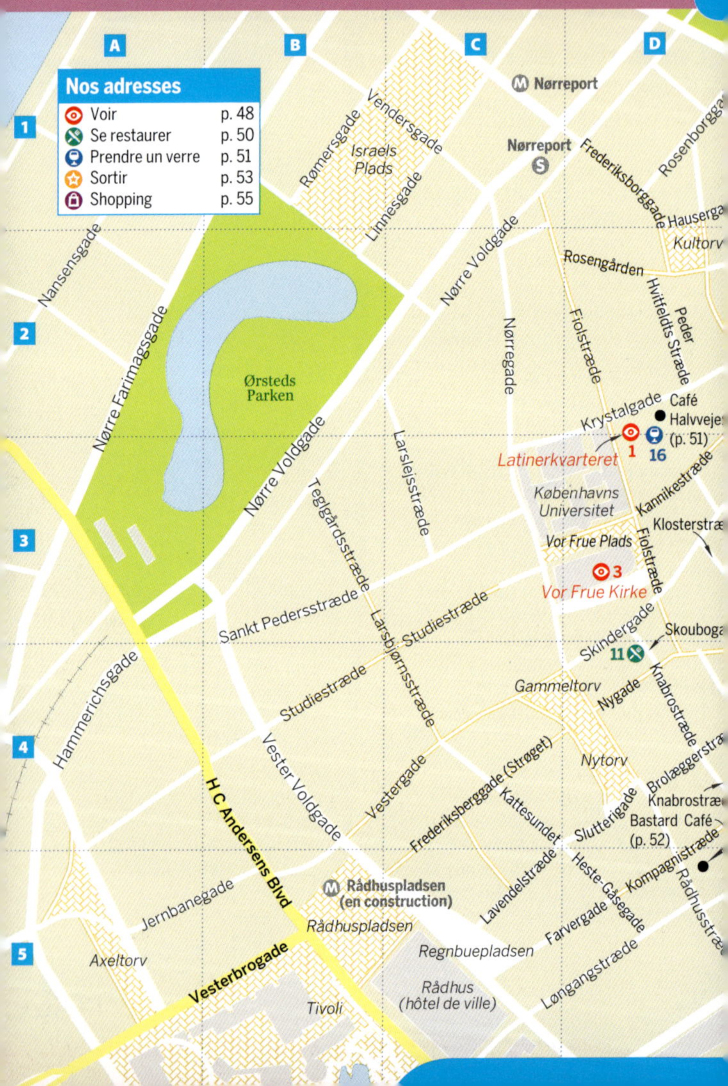

Nos adresses
Voir p. 48
Se restaurer p. 50
Prendre un verre p. 51
Sortir p. 53
Shopping p. 55
A
B
C
D
1
2
3
4
5
Nørreport
Nørreport
Vendersgade
Rømersgade
Israels Plads
Linnésgade
Frederiksborggade
Rosenborggade
Hausergade
Kultorvet
Rosengården
Nansensgade
Nørre Farimagsgade
Ørsteds Parken
Nørre Voldgade
Nørre Voldgade
Nørregade
Fiolstræde
Hvitfeldts Stræde
Peder
Krystalgade
Café Halvvejen (p. 51)
1
16
Latinerkvarteret
Larslejsstræde
Teglgårdsstræde
Københavns Universitet
Kannikestræde
Klosterstræde
Vor Frue Plads
Fiolstræde
3
Vor Frue Kirke
Sankt Pedersstræde
Studiestræde
Larsbjørnsstræde
Skindergade
Skoubogade
11
Hammerichsgade
Studiestræde
Gammeltorv
Nygade
Knabrostræde
Vester Voldgade
H C Andersens Blvd
Vestergade
Frederiksberggade (Strøget)
Nytorv
Brolæggerstræde
Kattesundet
Slutterigade
Knabrostræde
Bastard Café (p. 52)
Kompagnistræde
Jernbanegade
Rådhuspladsen (en construction)
Lavendelstræde
Heste-Gåsegade
Rådhusstræde
Rådhuspladsen
Farvergade
Axeltorv
Vesterbrogade
Regnbuepladsen
Løngangstræde
Rådhus (hôtel de ville)
Tivoli

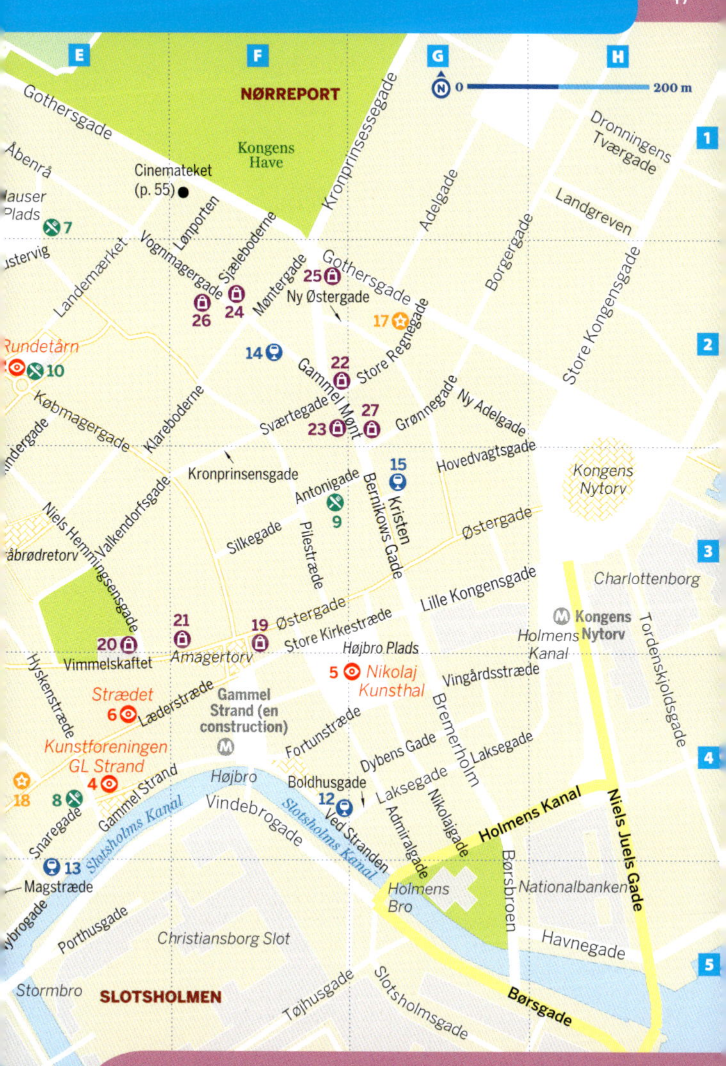

E
F
G
H
1
2
3
4
5
0
200 m
NØRREPORT
Kongens Have
Gothersgade
Åbenrå
Cinemateket (p. 55)
Lønporten
Kronprinsessegade
Adelgade
Borgergade
Dronningens Tværgade
Landgreven
Store Kongensgade
7
Landemærket
Vognmagergade
Sjæleboderne
Møntergade
25
24
26
Ny Østergade
17
Store Regnegade
Rundetårn
10
14
22
Gammel Mønt
27
23
Grønnegade
Ny Adelgade
Købmagergade
Klareboderne
Sværtegade
Hovedvagtsgade
Kronprinsensgade
Antonigade
15
Kristen Bernikows Gade
Kongens Nytorv
9
Silkegade
Pilestræde
Østergade
Niels Hemmingsensgade
Valkendorfsgade
Charlottenborg
Lille Kongensgade
Kongens Nytorv
Holmens Kanal
Tordenskjoldsgade
21
19
Østergade
Store Kirkestræde
Højbro Plads
20
Vimmelskaftet
Amagertorv
5
Nikolaj Kunsthal
Vingårdsstræde
Hyskenstræde
Strædet
6
Læderstræde
Gammel Strand (en construction)
Bremerholm
Fortunstræde
Kunstforeningen GL Strand
4
Dybens Gade
Laksegade
18
8
Højbro
Boldhusgade
12
Laksegade
Gammel Strand
Slotsholms Kanal
Vindebrogade
Ved Stranden
Admiralgade
Nikolajgade
Holmens Kanal
Niels Juels Gade
Snaregade
13
Magstræde
Holmens Bro
Børsbroen
Nationalbanken
Porthusgade
Christiansborg Slot
Havnegade
Stormbro
SLOTSHOLMEN
Tøjhusgade
Slotsholmsgade
Børsgade

Voir

Latinerkvarteret

QUARTIER

1 Plan p. 46, D2

Bordé par la Nørre Voldgade au nord, la Nørregade à l'est, la Vestergade au sud et la Vester Voldgade à l'ouest, le quartier latin doit son nom à la présence de l'ancien campus de la **Københavns Universitet** (université de Copenhague), où le latin était jadis couramment employé. C'est l'un des plus anciens quartiers de Copenhague et aussi l'un des plus charmants, avec ses bâtiments historiques aux tons pastel et ses recoins pittoresques, comme la **Gråbrødretorv** (place du Moine-Gris), du XVIIe siècle. (5C, 6A, 14, M Nørreport, S Nørreport)

Rundetårn

BÂTIMENT HISTORIQUE

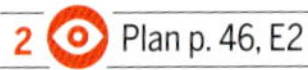

En gravissant cette "tour ronde" de brique rouge de 34,8 m de haut, vous marcherez dans les pas du roi Christian IV, qui la fit ériger en 1642 pour servir d'observatoire au célèbre astronome Tycho Brahe. Vous y suivrez également les traces du cheval du tsar Pierre le Grand et même, selon la légende, d'une voiture qui aurait gravi l'escalier en colimaçon en 1902 ! (Tour ronde ; 33 73 03 73 ; www.rundetaarn.dk ; Købmagergade 52 ; adulte/enfant 25/5 DKK ; 10h-20h mai-sept, horaires réduits le reste de l'année, observatoire horaires variables ; 14, M Nørreport, S Nørreport)

Vor Frue Kirke

CATHÉDRALE

3 Plan p. 46, D3

Fondée en 1191 et reconstruite trois fois après des incendies dévastateurs, la cathédrale néoclassique de Copenhague date de 1829. Elle est l'œuvre de C. F. Hansen. Dotée de hautes voûtes, elle abrite les statues du Christ et des apôtres de Bertel Thorvaldsen, achevées en 1839 et considérées comme les œuvres majeures de l'artiste. Le Christ, représenté les bras ouverts, dans une posture réconfortante, est le modèle le plus communément emprunté pour les statues de Jésus dans le monde. C'est ici que se sont mariés le prince héritier Frédéric et l'Australienne Mary Donaldson, en mai 2004. (33 15 10 78 ; www.koebenhavnsdomkirke.dk ; Nørregade 8 ; 8h-17h, fermée durant les offices et les concerts ; 14, M Nørreport, S Nørreport)

Kunstforeningen GL Strand

GALERIE

L'union des artistes danois œuvre pour la promotion des talents montants et innovants. Elle organise chaque année dans ses locaux 6 à 8 grandes expositions consacrées à des artistes danois ou étrangers. Des rétrospectives sont aussi régulièrement organisées. Récemment, une exposition retraçait, par exemple, le travail de la dessinatrice Tove Jansson, créatrice des célèbres Moomins. (33 36 02 60 ; www.glstrand.dk ; Gammel Strand 48 ; adulte/

Statue du Christ, Vor Frue Kirke

étudiant/enfant 75/55 DKK/gratuit ; 11h-17h mar et jeu-dim, jusqu'à 20h mer ; 1A, 2A, 9A, 26, 37, 66, M Kongens Nytorv)

Nikolaj Kunsthal

CENTRE D'ART

5 Plan p. 46, G4

L'église de Skt. Nikolaj (Saint-Nicolas), érigée au XIIIe siècle, accueille désormais le Centre d'art contemporain de Copenhague, où sont organisées une demi-douzaine d'expositions chaque année. Beaucoup privilégient les thèmes liés à des questions culturelles, politiques et sociales du monde actuel, explorés à travers des médias variés, de la photographie aux performances artistiques. Sur place, le Maven est un restaurant danois douillet et réputé. (33 18 17 80 ; www.nikolajkunsthal.dk ; Nikolaj Plads 10 ; adulte/senior/enfant 60/10 DKK/gratuit ; mer gratuit ; 12h-18h mar-ven, 11h-17h sam et dim ; g1A, 2A, 9A, 26, 37, 66 350S, M Kongens Nytorv)

Strædet

RUE

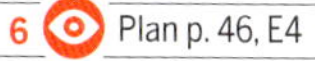

6 Plan p. 46, E4

Parallèle à la très fréquentée Strøget, Strædet se compose techniquement de deux rues : Kompagnistræde et Læderstræde. C'est un bon endroit pour trouver des céramiques locales ou des antiquités, mais ses cafés sont pour la plupart assez médiocres. Beaucoup des bâtiments médiévaux et Renaissance de Strædet furent détruits lors du grand incendie de 1795, mais certains ont néanmoins survécu, parmi lesquels les bâtiments situés aux numéros 23, 25, 31 et 33, qui remontent tous à la première moitié des années 1700. (1A, 2A,9A, 14, 26, 37, 66)

Se restaurer

Schønnemann

DANOIS **€€**

7 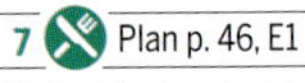 Plan p. 46, E1

Véritable institution, le Schønnemann remplit les estomacs de *smørrebrød* (sandwichs ouverts) et d'akvavit depuis 1877. Autrefois fréquenté par les paysans qui venaient vendre leurs produits en ville, il séduit aujourd'hui des chefs réputés comme René Redzepi ; essayez le *smørrebrød* qui porte son nom : flétan fumé, concombre à la crème, radis et ciboulette sur lit de graines de carvi. (33 12 07 85 ; www.restaurantschonnemann.dk ; Hauser Plads 16 ; *smørrebrød* 75-185 DKK ; 11h30-17h lun-sam ; ; 6A, 42, 150S, 184, 185, 350S M Nørreport, S Nørreport)

Bon plan

Vélos du futur

Le système de vélos en libre-service de Copenhague s'appelle **Bycyklen** (www.bycyklen.dk ; 30 DKK/h). Disponibles 24h/24, 7j/7 et 365 jours par an, ces "vélos intelligents" sont équipés d'écrans tactiles avec GPS, de moteurs électriques, de pneus anti-crevaison et d'antivols. Pour les utiliser, il faut d'abord se créer un compte sur le site Internet de Bycyklen. Consultez le site pour connaître les emplacements des stations et la disponibilité en temps réel des vélos.

Marv & Ben

NOUVELLE CUISINE NORDIQUE **$$$**

8  Plan p. 46, E4

"L'os et la moelle" reçoit régulièrement un Bib Gourmand du Michelin pour son excellent rapport qualité/prix. Sa nouvelle cuisine nordique peut être approchée de plusieurs façons : à la carte ou via l'un des six menus dégustation. Inventifs et évocateurs, les plats célèbrent l'esprit et les paysages nordiques avec des créations comme le maquereau fumé à la camomille ou le calmar au varech et babeurre. (33 91 01 91 ; www.marvogben.dk ; Snaregade 4 ; plats 85-135 DKK, menu 4/6-plats 400/600 DKK ; 17h30-1h mar-sam ; ; 1A, 2A, 9A, 14, 26, 37)

The Market

ASIATIQUE **$$**

9  Plan p. 46, F3

Sombre et contemporain, The Market prépare une superbe cuisine pan-asiatique, avec des plats délicats comme leur canard, pancakes, concombre, poireau et sauce hoisin. Les sushis sont aussi très réussis, notamment les makis. Réservez bien à l'avance, en particulier pour dîner le vendredi ou le samedi. (70 70 24 35 ; http://themarketcph.dk ; Antonigade 2 ; plats 155-350 DKK, menu 12 plats 595 DKK ; 11h30-16h et 17h-22h lun-jeu, jusqu'à 22h30 ven et sam, jusqu'à 21h30 dim ; 1A, 26, M Kongens Nytorv)

DØP

HOT DOGS $

Plan p. 46, E2

Les Danois n'aiment rien tant qu'un bon *pølse* (saucisse) et vous trouverez des marchands de hot-dogs partout à Copenhague. DØP qui possède une camionnette juste à côté de la Rundetårn (tour ronde) est sans doute le meilleur. Tout ici est bio, de la viande aux légumes, en passant par les assaisonnements. Le choix va du hot dog danois rôti classique avec moutarde, ketchup, rémoulade, légumes en saumure et oignons crus et frits, à une nouvelle version vegan au tofu. (30 20 40 25 ; www.døp.dk ; Købmagergade 50 ; hot dogs à partir de 35 DKK ; 11h-18h30 lun-sam ; 14, M Nørrebro, S Nørrebro)

La Glace

PÂTISSERIE €

11 Plan p. 46, D4

La plus vieille *konditori* (pâtisserie) de Copenhague régale depuis 1870. Glissez-vous dans le dédale de ses salles historiques et laissez-vous tenter par une tranche du classique *valnøddekage* (gâteau aux noix), qui mêle noix pilées et caramélisées, crème fouettée et glaçage au café. Si vous aimez la pâte d'amandes, essayez le Dachstein couvert de chocolat ; l'intérieur, coulant et parfumé, est une pure merveille. (33 14 46 46 ; www.laglace.dk ; Skoubogade 3 ; parts de gâteau 57 DKK, viennoiseries à partir de 36 DKK ; 8h30-18h lun-ven, 9h-18h sam, 10h-18h dim ; ; 14)

100% copenhaguois

Cosy, chaleureux et légèrement désuet avec ses panneaux de bois, le **Café Halvvejen** (Plan p. 46, D2 ; 33 11 91 12 ; www.cafehalvvejen.dk ; Krystalgade 11 ; plats 55-125 DKK ; 11h-2h lun-jeu, 11h-3h ven et sam ; 5A, 6A, 14, 150S, M Nørreport, S Nørreport) rappelle un Copenhague en voie de disparition. La carte affiche des plats roboratifs, et bon marché pour cette partie de la ville : sandwichs ouverts, *frikadeller* (boulettes de viande) ou encore la *miniplatte* au nom trompeur qui offre une belle vue d'ensemble des saveurs de la cuisine nordique.

Prendre un verre

Ved Stranden 10

BAR À VINS

12 Plan p. 46, F4

Politiciens et œnophiles avisés adorent ce bar à vins en bord de canal, avec sa magnifique cave emplie de crus traditionnels européens et de bouteilles moins connues. Avec son décor danois moderniste et son personnel à la fois sympathique et connaisseur, l'établissement distille une ambiance chic et intimiste qui se prête parfaitement aux conversations tranquilles en picorant des amuse-bouches : olives, fromages, viandes fumées… (35 42 40 40 ; www.vedstranden10.dk ; Ved Stranden 10 ; 12h-22h lun-sam ; ; 1A, 2A, 9A, 26, 37, 66, 350S, M Kongens Nytorv)

100% copenhaguois

Bière et jeux de société

Adresse on ne peut plus appréciable les jours de pluie, le très accueillant **Bastard Café** (Plan p. 46,D5 ; 42 74 66 42 ; https :// bastardcafe.dk ; Rådhusstræde 13 ; 12h-minuit dim-jeu, to 2h ven et sam ; 1A, 2A, 9A, 14, 26, 37) est spécialisé dans les jeux de société, qui s'alignent sur ses étagères comme les livres dans une bibliothèque. Certains peuvent être empruntés librement, mais il faut payer une petite location pour d'autres.

Ruby

BAR À COCKTAILS

13 Plan p. 46, E5

Les connaisseurs adorent ce bar à cocktails niché dans une maison de ville sans enseigne du XVIIIe siècle. Les mixologues y élaborent avec inspiration des préparations saisonnières sans fausse note, à base d'alcools artisanaux et de sirops maison, pour le plus grand plaisir de la clientèle installée dans le dédale de ses salles confortables. Au rez-de-chaussée règne une ambiance de club anglais avec fauteuils Chesterfield, tableaux et étagères de bois remplies de bouteilles. (33 93 12 03 ; www.rby.dk ; Nybrogade 10 ; 16h-2h lun-sam, 18h-2h dim ; ; 1A, 2A, 14, 26, 37, 66)

Mother Wine

BAR À VINS

14 Plan p. 46, F2

Un très confortable (*hyggelig* diraient les Danois) bar/cave à vins qui arbore de belles chaises de Finn Juhl, et propose des vins naturels, bio et quelques crus italiens peu connus. Du Prosecco bio du Veneto au Negroamaro des Pouilles, les vins du jour peuvent même être goûtés gratuitement avant de commander un verre. Le prix des vins démarre à 55 DKK avec amuse-bouches italiens en accompagnement. (33 12 10 00 ; http://motherwine.dk ; Gammel Mønt 33 ; 10h-19h lun-mer, 10h-22h jeu-sam ; ; 350S, M Kongens Nytorv)

1105

BAR À COCKTAILS

Plan p. 46, G3

Mieux vaut se présenter avant 23h pour obtenir une place dans ce lounge sombre et luxueux qui porte le nom du code postal local. La carte des cocktails présente aussi bien les grands classiques que des versions revisitées, ainsi qu'un beau choix de whiskys. La clientèle se compose en grande partie de trentenaires et quadragénaires plus intéressés par la qualité des boissons que par l'alcool et la fête. (33 93 11 05 ; www.1105.dk ; Kristen Bernikows Gade 4 ; 19h-2h mer-jeu, 16h-2h ven, 18h-2h sam ; 1A, 26, 350S, M Kongens Nytorv)

Democratic Coffee

CAFÉ

Plan p. 46, D3

Aussi prisé des touristes que de la population locale, le Democratic Coffee est un café-bibliothèque qui est loin de n'attirer que des étudiants avec son long bar en bois. Vous y trouverez

Le Ruby

bien sûr des espressos, mais aussi du café à la V60. Les croissants (20 DKK), fraîchement cuits sur place, ont déjà été élus meilleurs croissants de la ville, notamment ceux aux amandes. Gare aux taches : la garniture est très riche et a tendance à s'enfuir ! (40 19 62 37 ; Krystalgade 15 ; 8h-19h lun-ven, 9h-16h sam ; ; 14, M Nørreport, S Nørreport)

Sortir

Jazzhus Montmartre JAZZ

17 Plan p. 46, G2

Ouvert depuis la fin des années 1950, ce club est l'une des adresses emblématiques du jazz en Scandinavie puisqu'il a reçu, entre autres grands noms, Dexter Gordon, Ben Webster ou Kenny Drew. Aujourd'hui encore, il continue à accueillir des talents locaux et internationaux. Les soirs de concert, vous trouverez également un menu trois plats très correct (375 DKK) au restaurant du café. (70 26 32 67 ; www.jazzhusmontmartre.dk ; Store Regnegade 19A ; 18h-minuit jeu-sam ; 350S, 1A, 26 M Kongens Nytorv)

La Fontaine JAZZ

18 Plan p. 46, E4

Cosy et intime, le vétéran des salles de jazz de Copenhague est une bonne adresse pour découvrir de nouveaux talents locaux (et quelques grands

Comprendre

Le design danois

Dans bien des maisons de Copenhague, vous trouverez des lampes de Poul Henningsen au plafond, des chaises signées Arne Jacobsen ou Hans Wegner dans la salle à manger et, sur la table, un service de la manufacture Royal Copenhagen, des couverts Georg Jensen et des verres Bodum. Ici, le design n'est pas cantonné aux musées et aux institutions, il fait partie intégrante de la vie quotidienne.

Chaises de légende

L'allure au service du confort, tel est le principe du design danois moderne. Une règle illustrée par les fameuses chaises des grands designers danois. Parmi les classiques : "la Chaise" (ou "la Ronde") de Hans Wegner (1949), nommée "plus belle chaise du monde" par le magazine américain *Interiors* en 1950. C'est sur ce siège qu'étaient assis Nixon et Kennedy lors de leur premier débat télévisé en 1960 – ce qui contribua à sa renommée. Les créations de l'architecte moderniste Arne Jacobsen sont tout aussi légendaires : le fauteuil Egg (Œuf, 1958), conçu pour le Radisson Blu Royal Hotel de Copenhague, est la quintessence de la modernité jet-set de l'époque. Révolutionnaire, le modèle Ant (Fourmi, 1952) de Jacobsen a inspiré les chaises empilables que l'on trouve désormais dans les écoles et cafétérias du monde entier, ainsi que celle sur laquelle Christine Keeler, mannequin et danseuse anglaise, posa nue dans les années 1960 pour le photographe Lewis Morley, image devenue iconique.

Luminaires

Le design danois se distingue également par ses lampes. Le créateur de lampes danois le plus connu est Poul Henningsen. Ses lampes, dans lesquelles l'ampoule n'est pas apparente, offrent une lumière douce et une ombre plaisante. Aujourd'hui encore, la PH5 (1958) compte parmi les suspensions les plus vendues au Danemark. La popularité de Verner Panton n'est pas moins durable. Comme Henningsen, Panton s'attachait à masquer la source de lumière, comme dans sa fameuse et amusante lampe Flowerpot (Pot de fleurs, 1968). Ce designer, qui travailla pour le cabinet d'architecture d'Arne Jacobsen de 1950 à 1952, s'illustra aussi par son mobilier. La Panton Chair (1967), une chaise en plastique moulée d'une seule pièce, reste un classique du XXe siècle.

noms également). Jam-sessions en fin de soirée, ouvertes au public. Avis aux amateurs ! (33 11 60 98 ; www.lafontaine.dk ; Kompagnistraede 11 ; 19h-5h tlj, musique live à partir de 22h ven-sam, à partir de 21h dim ; 1A, 2A, 11A, 26, 40, 66)

Shopping

Hay House

DESIGN

19 Plan p. 46, F3

La fabuleuse boutique de décoration d'intérieur de Rolf Hay distribue sa propre ligne de meubles, de textiles et d'objets design, ainsi que les créations d'autres designers danois. Nombreux cadeaux faciles à transporter : carnets, tasses en céramique, blocs de construction pour les bambins... Seconde enseigne à Pilestræde 29-31. (42 82 08 20 ; www.hay.dk ; Østergade 61 ; 10h-18h lun-ven, jusqu'à 17h sam, 12h-17h premier dim du mois ;)

Stilleben

DESIGN, TEXTILE

20 Plan p. 46, E3

Ditte Reckweg et Jelena Schou Nordentoft, les propriétaires, toutes deux diplômées de la Danish Design School, proposent une remarquable sélection de céramiques, de verrerie, de bijoux et de textiles contemporains, conçus pour la plupart par de jeunes créateurs danois et étrangers. À l'étage, vous trouverez des posters et des reproductions, notamment d'œuvres de la célèbre artiste danoise Cathrine Raben Davidsen. Le magasin possède une deuxième adresse en face du marché gastronomique Torvehallerne KBH. (33 91 11 31 ; www.stilleben.dk ; Niels Hemmingsensgade 3 ; 10h-18h lun-ven, jusqu'à 17h sam ; 11A, 2A, 9A, 14, 26, 37, 66, M Kongens Nytorv)

Illums Bolighus

DESIGN

21 Plan p. 46, F3

Les fans de design sont fous de ce vaste magasin aux quatre étages remplis de beaux objets au design nordique : céramiques, verres, bijoux, vêtements, plaids, lampes, meubles et plus encore. C'est aussi un bon endroit pour trouver des souvenirs : posters, cartes postales, carnets décorés de motifs danois, portefeuilles, porte-

100% copenhaguois

La Cinemateket

Les cinéphiles locaux fréquentent la **Cinemateket** (cinémathèque ; plan p. 46, F1 ; 33 74 34 12 ; www.dfi.dk ; Gothersgade 55 ; 9h30-22h mar-ven, 12h-22h sam, 12h-19h30 dim ; 350S) de l'institut du film danois. Environ 70 films sont projetés chaque mois (classiques danois sous-titrés en anglais deux dimanches par mois). Le centre abrite aussi une grande bibliothèque d'ouvrages sur le cinéma et la télévision, une "vidéothèque" avec plus de 1 500 titres (films, courts-métrages, documentaires et séries télévisées), ainsi qu'une boutique et un restaurant-café.

clefs... (33 14 19 41 ; www.illumsbolighus.dk ; Amagertorv 8-10 ; 10h-19h lun-jeu et sam, 10h-20h ven, 11h-18h dim ; ; 1A, 2A, 9A, 14, 26, 37, 66, M Kongens Nytorv)

Storm

MODE ET ACCESSOIRES

22 Plan p. 46, F2

C'est sans doute l'une des meilleures adresses de mode de Copenhague, avec des marques pour hommes et femmes telles que Haider Ackermann, Kitsuné ou Thom Browne. Sneakers, parfums, livres d'art et de design, magazines de mode et bijoux. Une adresse incontournable pour les branchés. (33 93 00 14 ; www.stormfashion.dk ; Store Regnegade 1 ; 11h-17h30 lun-jeu, jusqu'à 19h ven, 10h-16h sam ; 1A, 26, 350S, M Kongens Nytorv)

NN07

MODE ET ACCESSOIRES

23 Plan p. 46, F2

La boutique de la marque danoise de vêtements pour hommes NN07 (ou "No Nationality 07") propose un style discret et contemporain, avec des T-shirts en jersey doux et des tops allant des sweats street et élégants aux tricots chics, sans oublier les chemises et les chinos dans des tons faciles à coordonner. Les prix sont relativement élevés, mais la qualité est au rendez-vous et les vêtements sont conçus pour durer, de même que les accessoires, allant des sacs aux ceintures en cuir. (38 41 11 41 ; www.nn07.com ; Gammel Mønt 7 ; 10h-18h lun-jeu, 10h-19h ven, 10h-17h sam, 12h-16h dim ; 1A, 26, 350S, M Kongens Nytorv)

Baum und Pferdgarten

MODE ET ACCESSOIRES

24 Plan p. 46, F2

Les designers Rikke Baumgarten et Helle Hestehave sont les deux forces créatrices qui se cachent derrière ce qui est peut-être l'une des marques de vêtements pour femmes les plus respectées du Danemark. Si les enseignes chics ne manquent pas à Copenhague, les collections de Baum und Pferdgarten ont toujours un côté original, amusant et subversif, avec des silhouettes structurées, des imprimés décalés et de belles matières. (35 30 10 90 ; www.baumundpferdgarten.com ; Vognmagergade 2 ; 10h-18h lun-jeu, 10h-19h ven, 10h- 17h sam ; 350S, M Kongens Nytorv)

Posterland

CADEAUX ET SOUVENIRS

25 Plan p. 46, F2

Posterland est la plus importante société de posters d'Europe du Nord et aussi le principal fournisseur du Statens Museum for Kunst et du musée d'Art moderne Louisiana. De quoi égayer vos murs de posters d'art, vintage ou touristiques présentant des lieux emblématiques de Copenhague comme les jardins de Tivoli ou la brasserie Carlsberg. (33 11 28 21 ; www.posterland.dk ; Gothersgade 45 ; 9h30-18h lun-jeu, 9h30-19h ven, 9h30-17h sam ; 350S, M Kongens Nytorv)

Illums Bolighus (p. 55)

Han Kjøbenhavn MODE ET ACCESSOIRES

26 Plan p. 46, F2

Dans un cadre moderniste, on découvre une mode pour hommes simple et bien taillée, qui mêle la sophistication scandinave à l'élégance street, le tout avec une touche de classe rétro populaire très danoise. La marque a souvent collaboré avec des créateurs extérieurs, comme la créatrice de chaussures Teva ou la marque de lainages américaine Pendleton. La marque propose aussi ses propres lunettes, particulièrement tendance. (52 15 35 07, www.hankjobenhavn.com ; Vognmagergade 7 ; 11h-18h lun-ven, 10h-17h sam ; 350S, M Kongens Nytorv)

Wood Wood MODE ET ACCESSOIRES

27 Plan p. 46, G2

La boutique de cette enseigne unisexe est un concentré de marques *street chic* pour clientèle avertie. On y trouve les créations branchées de Wood Wood, aux superbes tissus et aux détails soignés, ainsi que des baskets, des articles peu conventionnels de Comme des Garçons Play, Peter Jansen ou Gosha Rubchinskiy, et des accessoires, allant des parfums aux lunettes. (35 35 62 64 ; www.woodwood.dk ;Grønnegade 1 ; 10h30-18h lun-jeu, 10h30-19h ven, 10h30-17h sam, 12h-16h dim ; 1A, 26, 350S, M Kongens Nytorv)

Explorer

Nyhavn et le quartier royal

Le canal de Nyhavn (prononcer *nu-haoun*) a longtemps été un repaire de marins et d'écrivains, notamment Hans Christian Andersen. Aujourd'hui, il attire plutôt les touristes avec ses maisons colorées, ses bateaux et ses bars. À l'abri de son animation se cache Frederiksstaden, le quartier royal où sont rassemblées l'imposante Marmorkirken (église de marbre) et, plus au nord, la Petite Sirène.

L'essentiel en un jour

Petit-déjeunez à l'**Union Kitchen** (p. 67), puis longez **Nyhavn** (p. 64), vers l'est jusqu'au port. En tournant à gauche, vous verrez le **Skuespilhuset** (p. 69), le remarquable théâtre contemporain de la ville. La résidence royale, l'**Amalienborg Slot** (p. 64), s'élève plus au nord sur le front de mer. Visitez son musée ou poursuivez jusqu'à la flamboyante **Marmorkirken** (p. 64). Le **Designmuseum Danmark** (p. 60) est un peu plus haut, dans Bredgade.

Après un déjeuner au musée, partez vers le nord pour rejoindre le **Kastellet** (p. 64), avec ses remparts panoramiques et ses nombreux bâtiments historiques. Vous pourrez aussi aller saluer la **Petite Sirène** (p. 66), à l'est du Kastellet, sur le port. Non loin, admirez son double dystopique créé par l'artiste contemporain Bjørn Nørgaard.

Finissez la journée avec des vins de qualité au **Den Vandrette** (p. 68) ou au **Nebbiolo** (p. 68) et réservez une table à **Rebel** (p. 65), à moins que vous ne préfériez l'ambiance plus décontractée de **Gorm's** (p. 67) ou **District Tonkin** (p. 66). Envie d'une fin de soirée romantique ? Réservez des places pour un ballet ou un opéra au **Det Kongelige Teater** (p. 68).

Les incontournables

Designmuseum Danmark (p. 60)

Le meilleur du quartier

Musées

Designmuseum Danmark (p. 60)

Kunsthal Charlottenborg (p. 65)

Prendre un verre

Den Vandrette (p. 68)

Nebbiolo (p. 68)

Design danois

Designmuseum Danmark (p. 60)

Klassik Moderne Møbelkunst (p. 69)

Comment y aller

Métro La station Kongens Nytorv est à 200 m au sud-ouest de Nyhavn.

Bus La ligne 1A rejoint le quartier royal et Østerbro tandis que la ligne 26 dessert le Statens Museum for Kunst. Vous pouvez prendre le 350S pour rejoindre le Botanisk Have (jardin botanique) et Nørrebro. La ligne 66 va de Nyhavn à Slotsholmen puis jusqu'au Tivoli et à la gare centrale.

Navettes fluviales Les bus portuaires desservent Nyhavn.

Les incontournables
Designmuseum Danmark

Vous ne savez pas reconnaître un fauteuil Egg d'un Swan ? Une lampe PH4 d'une PH5 ? Pour un cours intensif de design danois, rendez-vous au Designmuseum Danmark. Installé dans un hôpital du XVIIIe siècle reconverti, le musée est un must pour les fans d'arts appliqués et de design industriel. Sa riche collection, composée de créations légendaires, explore l'évolution d'une culture du design qui a conquis le monde.

Plan p 62, C4

www.designmuseum.dk

Bredgade 68

adulte/étudiant et - de 26 ans 100 DKK/gratuit

11h-17h mar et jeu-dim, jusqu'à 21h mer

1A, M Kongens Nytorv

Exposition de meubles, Designmuseum Danmark

Design et arts appliqués du XXe siècle

La principale exposition permanente du musée explore le design industriel et les arts appliqués du XXe siècle dans un contexte marqué par les changements sociaux, économiques, technologiques et théoriques. Vous y trouverez quantité de classiques du design danois, comme la table Shaker de Børge Mogensen. Une pièce dédiée à Arne Jacobsen présente des objets spécialement créés pour son SAS Royal Hotel. Vous pourrez aussi y voir des pièces plus rares, comme le PH Grand Piano de Henningsen, ainsi qu'un mur d'affiches graphiques anciennes dont celles de Viggo Vagnby, à qui l'on doit l'iconique affiche "Wonderful Copenhagen" de 1959.

Mode et textiles

Remarquable exposition permanente, *Mode et textiles* présente la collection de textiles, articles de mode et accessoires du musée. Elle est divisée en trois thèmes (Design et décoration, Artisanat et industrie, Corps et identité) et expose plus de 500 pièces représentant quatre siècles de production. Même si la collection inclut des créations internationales, elle met l'accent sur l'ingéniosité danoise, dans des robes de soie rococo ou des robes de chambre matelassées, des broderies *hedebo* ou des chapeaux.

Expositions temporaires

Les expositions temporaires offrent de nouveaux regards sur la collection et sur le design en général. Parmi les plus récentes, citons celle sur les *Influences japonaises,* qui explorait le rôle que l'art et l'artisanat japonais ont joué dans le développement du design danois, ou l'exposition consacrée à l'architecte finlandais Alvar Aalto et à son chef-d'œuvre moderniste, le sanatorium de Paimio.

À savoir

▶ La boutique de souvenirs du musée est l'une des meilleures de la ville. Vous y trouverez de beaux livres sur le design, ainsi que des céramiques, des verreries et des bijoux uniques en leur genre. Vous y trouverez également une petite sélection d'articles de mode conçus à Copenhague.

Une petite faim ?

▶ Direction le **Klint Cafe** (33 18 56 86 ; https://designmuseum.dk/besog-os/cafe ; *smørrebrød* 60-85 DKK ; 10h-17h30 mar et jeu-dim, 10h-20h30 mer), dans le musée, pour des salades, des *smørrebrød* et des pâtisseries. En été, il est agréable de profiter de la cour historique et verdoyante du musée.

▶ Le soir, vous pourrez découvrir des plats de saison, des viandes séchées et des vins de qualité au restaurant Pluto (p. 94), situé à proximité.

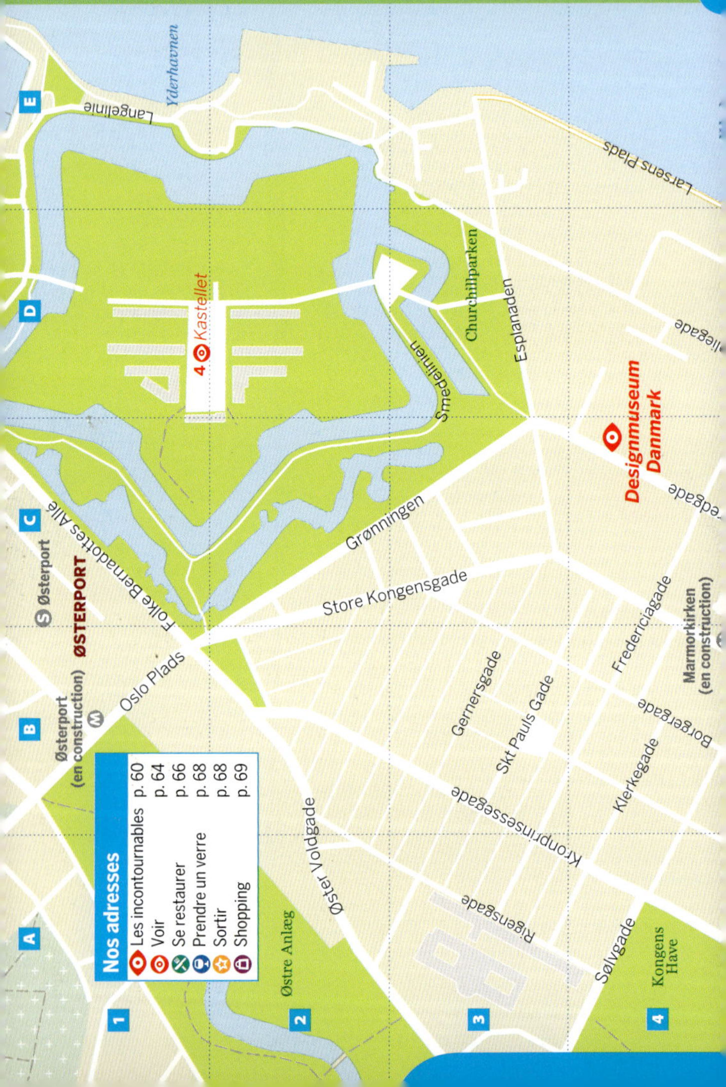
Nos adresses
Les incontournables p. 60
Voir p. 64
Se restaurer p. 66
Prendre un verre p. 68
Sortir p. 68
Shopping p. 69
4 Kastellet
Designmuseum Danmark
Yderhavnen
Langelinie
Larsens Plads
Churchillparken
Esplanaden
Smedelinien
Grønningen
Store Kongensgade
Folke Bernadottes Allé
Østerport
ØSTERPORT
Østerport (en construction)
Oslo Plads
Østre Anlæg
Øster Voldgade
Gernersgade
Skt Pauls Gade
Fredericiagade
Marmorkirken (en construction)
Borgergade
Klerkegade
Kronprinsessegade
Rigensgade
Sølvgade
Kongens Have
A
B
C
D
E
1
2
3
4

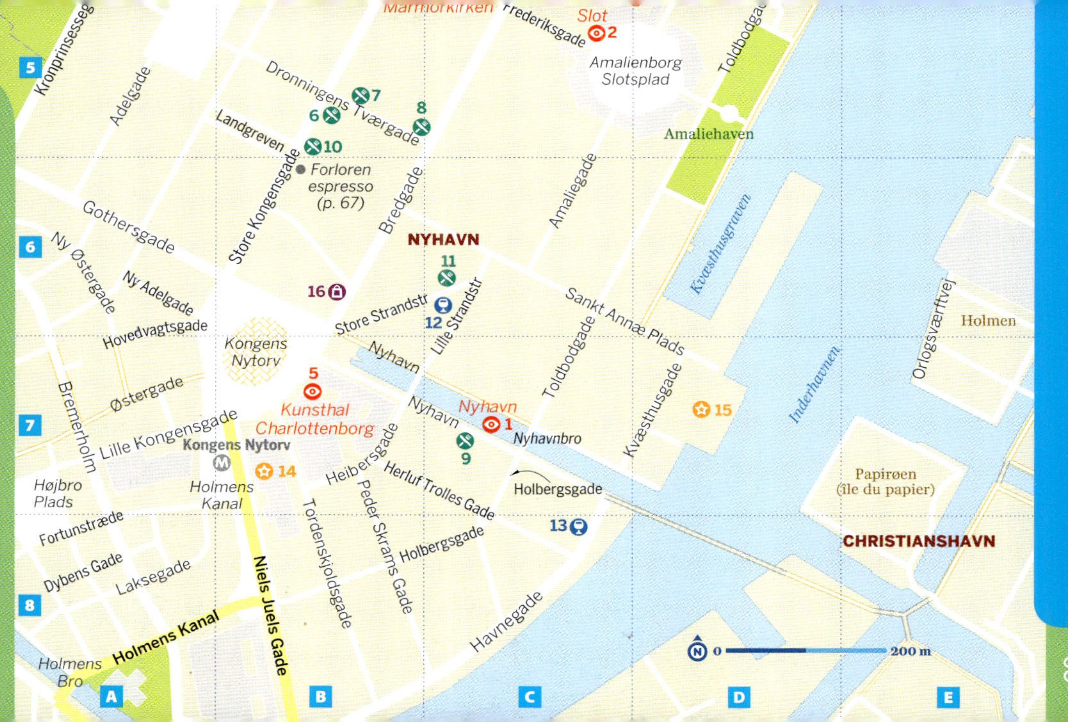

Marmorkirken
Frederiksgade
Slot
2
Amalienborg Slotsplad
Toldbodgade
Amaliehaven
Kronprinsessegade
Adelgade
Dronningens Tværgade
6
7
8
Landgreven
10
Forloren espresso (p. 67)
Gothersgade
Store Kongensgade
Bredgade
Amaliegade
NYHAVN
11
16
Ny Østergade
Ny Adelgade
Store Strandstr
12
Lille Strandstr
Sankt Annæ Plads
Kvæsthusgraven
Holmen
Orlogsværftvej
Hovedvagtsgade
Kongens Nytorv
Nyhavn
Toldbodgade
Kvæsthusgade
15
5
Kunsthal Charlottenborg
Nyhavn
1
Nyhavnbro
Inderhavnen
Østergade
Bremerholm
Lille Kongensgade
Kongens Nytorv
14
Heibergsgade
Herluf Trolles Gade
9
Holbergsgade
Papirøen (île du papier)
Højbro Plads
Holmens Kanal
Fortunstræde
Tordenskjoldsgade
Peder Skrams Gade
Holbergsgade
13
CHRISTIANSHAVN
Dybens Gade
Laksegade
Niels Juels Gade
Havnegade
Holmens Kanal
0
200 m
Holmens Bro
A
B
C
D
E
5
6
7
8

Voir

Nyhavn

CANAL

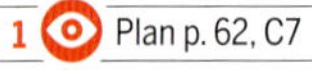

1 Plan p. 62, C7

Difficile de trouver endroit plus agréable en été qu'une table en terrasse dans un café au bord du canal de Nyhavn. Construit pour relier Kongens Nytorv au port, il fut longtemps un repaire de marins et d'écrivains, parmi lesquels Hans Christian Andersen, qui a notamment écrit *Le Briquet, Grand Claus et Petit Claus* et *La princesse au petit pois* lorsqu'il vivait au n°20 (il a également habité aux numéros 18 et 67). (Nyhavn ; 1A, 26, 66, 350S, M Kongens Nytorv)

Amalienborg Slot

PALAIS

2 Plan p. 62, C5

La résidence de la reine actuelle, Marguerite II, est constituée de quatre austères palais du XVIIIe siècle, dans une grande cour pavée. La relève de la garde s'y déroule chaque jour à midi – la nouvelle garde entame sa parade à travers le centre-ville à la caserne de Gothersgade à 11h30. L'un des palais est consacré aux appartements où vécurent trois générations de la famille royale, de 1863 à 1947. Les pièces ainsi reconstituées sont décorées de tapisseries de cuir doré, de trompe-l'œil, de photos de famille et d'antiquités. Vous pourrez notamment voir le bureau et le salon de réception de Christian IX (1863-1906) et de la reine Louise, dont les six enfants se sont mariés dans presque autant de familles royales (l'un montant notamment sur le trône en Grèce et une autre épousant le tsar russe Alexandre III). La Grande Salle néoclassique abrite des statues d'Euterpe et Terpsichore créées par le jeune Bertel Thorvaldsen. (33 15 32 86 ; www.kongernessamling.dk/amalienborg ; Amalienborg Plads ; adulte/enfant 95 DKK/gratuit ; 10h-17h tlj mi-juin–mi-sept, horaires réduits le reste de l'année ; 1A, 26)

Marmorkirken

ÉGLISE

3 Plan p. 62, C5

Consacrée en 1894, "l'église de marbre" néobaroque (officiellement appelée Frederikskirken) est l'un des édifices les plus imposants de Copenhague. Son dôme spectaculaire – inspiré par Saint-Pierre de Rome et le plus grand dôme d'église de Scandinavie – offre une vue impressionnante sur la ville. Commandée par Frédéric V, l'église fut dessinée par Nicolai Eigtved. La construction commença en 1749, avant que le projet ne soit suspendu à la suite des dépassements budgétaires. Il reprit au XIXe siècle grâce au financement apporté par C. F. Tietgen, richissime banquier et industriel. (Eglise de marbre ; 33 15 01 44 ; www.marmorkirken.dk ; Frederiksgade 4 ; dôme adulte/enfant 35/20 DKK, église entrée libre ; église 10h-17h lun-jeu et sam, 12h-17h ven et dim, dôme 13h tlj mi-juin–août, 13h sam et dim le reste de l'année ; 1A)

Kastellet

CITADELLE

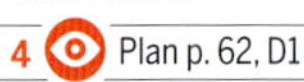

4 Plan p. 62, D1

Cette citadelle en forme d'étoile, commandée par Frédéric III en 1662, est

Gardes à l'Amalienborg Slot

l'un des sites touristiques majeurs de la ville. Ses remparts herbeux entourés de douves renferment de belles casernes du XVIIIe siècle, ainsi qu'une chapelle qui accueille parfois des concerts. Un vieux moulin se dresse sur les remparts, d'où l'on jouit d'une belle vue sur le port et le dôme de la Marmorkirken. Juste derrière le côté sud-est de la forteresse, la monumentale Fontaine de Gefion, d'Anders Bundgaard, qui représente la déesse nordique Gefion. (1A, Nordre Toldbod)

Kunsthal Charlottenborg

MUSÉE

5 Plan p. 62, B7

Charlottenborg fut construit en 1683 pour servir de palais à la famille royale. Siège de l'Académie royale des beaux-arts, elle accueille des expositions d'art contemporain d'artistes danois ou internationaux, sur tous supports (installations spécifiques au site, vidéo, peinture, sculpture...). (33 74 46 39 ; www.kunsthalcharlottenborg.dk ; Nyhavn 2 ; adulte/étudiant et senior/enfant 75/40 DKK/gratuit, après 17h mer gratuit ; 12h-20h mar-ven, 11h-17h sam et dim ; 1A, 26, 350S, M Kongens Nytorv)

Se restaurer

Rebel

DANOIS $$$

6  Plan p. 62, B5

Cette adresse élégante propose une excellente cuisine moderne

Comprendre

La Petite Sirène

Pour beaucoup, Copenhague rime avec **Petite Sirène** (Den Lille Havfrue ; Langelinie, Østerport ; 1A, Nordre Toldbod). Cette représentation du célèbre personnage de Hans Christian Andersen, commandée par la brasserie Carlsberg et sculptée en 1913 par Edvard Eriksen, semble pourtant ne pas faire l'unanimité. La statue, victime d'actes de vandalisme, a perdu sa tête et ses bras à plusieurs reprises. En 2006, Carlsberg demanda à Bjørn Nørgaard de créer une nouvelle version du personnage. La sirène "génétiquement modifiée" de l'artiste, installée non loin de l'original, près du port, retranscrit sans doute plus fidèlement la mélancolie et la complexité du conte.

danoise, tout en discrétion. La salle relativement petite et simple accueille des plats très inspirés, comme le poulpe braisé au poulet croustillant, accompagné de sauge et de mousse de champignons. Vous pouvez faire confiance aux conseils du sommelier, qui a choisi d'excellentes bouteilles venant aussi bien d'Europe que d'Amérique. (33 32 32 09 ; www.restaurantrebel.dk ; Store Kongensgade 52 ; petites assiettes 115-175 DKK ; 17h30-minuit mar-sam ; 1A, 26, M Kongens Nytorv)

District Tonkin

VIETNAMIEN $

7 Plan p. 62, B5

Dans un décor malicieux qui évoque les rues du Vietnam, le très convivial District Tonkin sert un délicieux *bánh mì* farci à la coriandre et aux poivrons frais. La carte inclut aussi de superbes plats moins connus, comme les soupes vietnamiennes, notamment le *xíu mai*, à base de porc et de boulettes de viande aux champignons. (60 88 86 98 ; http://district-tonkin.com ; Dronningens Tværgade 12 ; sandwichs 58-62 DKK ; 11h-21h30 dim-mer, 11h-23h jeu-sam ; 1A, 26, M Kongens Nytorv)

AOC

NOUVELLE CUISINE NORDIQUE $$$

8 Plan p. 62, B5

Dans le cellier voûté d'une demeure du XVIIe siècle, ce restaurant intimiste doublement étoilé au Michelin se démarque par des plats mêlant de manière surprenante des saveurs, parfums et textures typiquement nordiques. Ici, les coquilles Saint-Jacques peuvent se combiner avec des asperges fermentées, tandis que les cerises grillées accompagnent de la moelle fumée et des blancs de pigeon. Les clients ont le choix entre deux menus dégustation et les réservations doivent être effectuées une semaine à l'avance environ, surtout pour un dîner en fin de semaine. (33 11 11 45 ; www.restaurantaoc.dk ; Dronningens Tværgade 2 ;

menus dégustation 1 700-2 000 DKK ; 18h30-00h30 mar-sam ; ; 1A, 26, Kongens Nytorv)

Gorm's

PIZZERIA $$

Située en plein sur le canal de Nyhavn, cette pizzeria rustique avec poutres apparentes est l'une des meilleures de la ville. Les pizzas sont fines, croustillantes et à base de levain. Les garnitures sont de qualité, avec des importations italiennes et des produits artisanaux locaux (vous avez déjà goûté du salami d'agneau ?). Côté boissons, plusieurs bières artisanales locales, ainsi qu'un grand choix de cocktails, parmi lesquels le martini espresso-réglisse. (60 40 12 02 ; www.gormspizza.dk ; Nyhavn 14 ; pizzas 120-145 DKK ; 12h-22h30 dim-jeu, 12h-23h30 ven et sam ; 66, Kongens Nytorv)

Meyers Bageri

BOULANGERIE €

Au programme de cette minuscule boulangerie bio créée par Claus Meyer (à l'origine du mouvement de la nouvelle cuisine nordique) : du sucre, des épices et toutes sortes de délices. Croissants à la pomme dorés, *blåbærsnurrer* (viennoiseries à la myrtille), succulents *kanelsnægel* (roulés à la cannelle) ou *remonce* (crème à base de beurre, sucre et massepain) : tout est préparé avec de la farine de la maison. (www.clausmeyer.dk ; Store Kongensgade 46 ; pâtisseries à partir de 14 DKK ; 7h-18h lun-ven, jusqu'à 16h sam et dim ; 1A, 26)

Union Kitchen

CAFÉ €€

Plan p. 62, C6

Cette adresse on ne peut plus branchée attire une clientèle tatouée avec sa carte parfaite pour un brunch tendance : yaourts aux granolas, burger spécial lendemain de soirée, salades de saison... Les gaufres et les "boulettes du jour" – succulentes boulettes de viande – sont un must. Option végétarienne pour le brunch sur demande. (www.theunionkitchen.dk ; Store Strandstræde 21 ; plats 69-169 DKK 7h30-minuit lun-ven, 8h-minuit sam, 8h-17h dim ; ; 1A, 66, Kongens Nytorv)

100% copenhaguois

Forloren Espresso

Les amateurs pleurent de joie devant les espressos raffinés et les cafés troisième vague du très chic **Forloren Espresso** (Plan p. 62, B6 ; www.forlorenespresso.dk ; Store Kongensgade 32 ; 8h-16h lun-mer, 8h-17h jeu et ven, 9h-17h sam ; ; 1A, 26, Kongens Nytorv). Niels, le propriétaire, veille sur ses appareils à café avec la méticulosité d'un scientifique, transformant les grains torréfiés en délicieuses tasses de kawa. Avec un peu de chance, vous pourrez être dans le confortable petit recoin à l'arrière, idéal pour feuilleter les livres de photographie de Niels.

Bon plan

Mystery Makers

Découvrez la Sarah Lund qui sommeille en vous grâce aux "chasses mystères" interactives de **Mystery Makers** (30 80 30 50 ; http://mysterymakers.dk ; chasse mystère 200-400 DKK/pers ; horaires variables). Dans plusieurs sites historiques de la ville, les joueurs reçoivent chacun une identité fictive et un mystère à résoudre au travers d'une série d'énigmes, avec des indices à trouver en chemin. Convient à tous les adultes et enfants de plus de 12 ans, avec un minimum de quatre personnes pour former une équipe. Consultez le site Internet pour connaître les prix, qui varient en fonction des jours et des horaires. (les tarifs sont moins chers du dimanche au mercredi avant 15h.)

Prendre un verre

Nebbiolo

BAR À VINS

12 Plan p. 62, C6

En retrait de Nyhavn, cet élégant caviste/bar à vins contemporain propose essentiellement des bouteilles de petits vignobles italiens. Les vins au verre sont répartis en trois catégories de prix (75/100/125 DKK) et même les moins chers sont souvent magnifiques. (60 10 11 09 ; http://nebbiolo-winebar.com ; Store Strandstræde 18 ; 15h-minuit dim-jeu, 15h-2h ven et sam ; ; 1A, 66, M Kongens Nytorv)

Den Vandrette

BAR À VINS

13  Plan p. 62, C8

Sur le port, vous trouverez le bar à vins du grossiste **Rosforth & Rosforth** (33 32 55 20 ; www.rosforth.dk ; Knippelsbrogade 10 ; 9h-17h lun-ven, 12h-17h sam ; 2A, 9A, 37, 350S, M Christianshavn). Il met l'accent sur les vins naturels et biodynamiques, avec un choix de vins au verre soigneusement sélectionnés, qui incluent souvent des bouteilles peu connues, comme le Terret Bourret-Vermentino. Les clients sont invités à explorer la cave pour y choisir eux-mêmes leurs bouteilles. Lorsque vient l'été, l'établissement propose des tables au bord de l'eau et des chaises longues pour profiter du soleil. (72 14 82 28 ; www.denvandrette.dk ; Havnegade 53A ; 16h-23h mar-jeu et dim, 16h-minuit ven, 14h-minuit sam ; 66, Nyhavn)

Sortir

Det Kongelige Teater

BALLET, OPÉRA

14  Plan p. 62, B7

Désormais, la luxueuse Gamle Scene (vieille scène) privilégie l'opéra et les ballets (notamment les productions du Théâtre royal danois). L'édifice actuel, quatrième théâtre construit sur le site, fut conçu par Vilhelm Dahlerup et Ove Petersen, et achevé en 1872. Réservez. (Théâtre royal ; 33 69 69 69 ; https://kglteater.dk ; Kongens Nytorv ; 1A, 26, 350S, M Kongens Nytorv)

Skuespilhuset

Skuespilhuset

THÉÂTRE

15 Plan p. 62, D7

C'est au port qu'est installé le théâtre royal danois et son répertoire de pièces locales et étrangères. Les productions vont du classique aux œuvres contemporaines provocantes. Les places ayant tendance à se vendre très rapidement, mieux vaut réserver bien à l'avance si vous souhaitez voir une production particulière. Des visites en anglais (120 DKK) sont disponibles en juillet et août ; consultez le site Internet pour plus de détails. (Théâtre royal danois ; 33 69 69 69 ; https://kglteater.dk ; Sankt Anne Plads 36 ; 66, Nyhavn, M Kongens Nytorv)

Shopping

Klassik Moderne Møbelkunst

DESIGN

16 Plan p. 62, B6

Ce magasin proche de Zongens Nytorv est un paradis pour les amateurs de design danois. Avec une profusion de pièces classiques signées Poul Henningsen, Hans J. Wegner, Arne Jacobsen, Finn Juhl ou Nanna Ditzel, c'est un véritable musée de l'ameublement scandinave, du milieu du XXe siècle à nos jours. (33 33 90 60 ; www.klassik.dk ; Bredgade 3 ; 11h-18h lun-ven, 10h-16h sam ; 1A, 26, 350S, M Kongens Nytorv)

Explorer

Christianshavn

Christianshavn n'est pas sans rappeler Amsterdam avec ses canaux, ses cafés en terrasse et son ambiance alternative. Le quartier fut fondé par Christian IV au début du XVIIe siècle pour en faire un centre de commerce, et pour y installer des garnisons afin d'accompagner la croissance de la ville. Il rappelle aussi la très libérée Amsterdam par son attraction la plus célèbre, la commune underground de Christiania et ses effluves de cannabis.

L'essentiel en un jour

Éliminez les calories de votre petit-déjeuner en gravissant l'incontournable flèche en spirale de la **Vor Frelsers Kirke** (p. 77) avec, à la clef, une vue imprenable sur la ville. De là, une courte marche vous conduira à **Christiania** (p. 72), cœur du Copenhague alternatif. Tout à l'est, ne manquez pas les remparts à l'ambiance bucolique et à l'architecture éclectique.

Après un déjeuner végétarien à **Morgenstedet** (p. 80), frayez-vous un chemin à **Den Plettede Gris** (p. 81) d'Henrik Vibskov pour un café *arty*. Repartez vers le nord pour découvrir l'**Operaen** (p. 81) controversé de l'architecte Henning Larsen, à moins que vous ne préfériez voir une exposition d'art contemporain à l'**Overgaden** (p. 77).

Christianshavn réunit trois des grandes tables de Copenhague. Si vous n'avez pas de réservation au **Kadeau** (p. 78), réservez au **108** (p. 78) ou au **Barr** (p. 80), tous deux reconnus pour le talent avec lequel ils revisitent la cuisine nordique. À partir du mercredi, terminez par un concert au **Loppen** (p. 75), un vétéran de la nuit encore bien vivant.

Les incontournables

Christiania (p. 72)

Le meilleur du quartier

Se restaurer

Kadeau (p. 78)

108 (p. 78)

Sortir

Operaen (p. 81)

Loppen (p. 75)

Comment y aller

Métro La station Christianshavn se situe dans Torvegade, la rue principale du quartier.

Bus Les lignes 2A, 40 et 350 traversent Christianshavn via Torvegade. Les lignes 2A et 37 desservent les jardins de Tivoli et la gare centrale. La ligne 350S dessert Nørrebro. Le bus 9A dessert Christiania et Operaen.

Navette fluviale La navette fluviale dessert Operaen. Sinon, vous pouvez aussi descendre à Nyhavn et traverser la passerelle d'Inderhavnsbroen pour rejoindre Christianshavn.

Les incontournables
Christiania

Si le charme du quartier réside plus dans ses canaux, ses rues historiques et ses remparts verdoyants que dans des sites incontournables, une exception notable à cette règle est la commune de Christiania, née des idéaux des années 1970. Sa situation en bord de canal la rend agréable pour une promenade. Avec leurs architectures uniques, la Vor Freslers Kirke et la Christians Kirke sont également facilement accessibles à pied depuis le métro. Au nord de Christianshavn, l'île de Holmen abrite le très contemporain Operaen.

Plan p. 76, C3

www.christiania.org

Prinsessegade

9A, M Christianshavn

Street art, Christiania

Dyssen

Dyssen est le secret le mieux gardé de Christiania. Ces longs remparts étroits côté oriental des vieilles douves de la ville sont reliés à l'extrémité est de Christiania par un pont. Dans le sens nord-sud, un sentier de 2 km longe les remparts. Il est bordé de beaux spécimens d'arbres – érables, frênes, aubépines, cerisiers sauvages – et des maisons des habitants plutôt aisés. L'endroit se prête idéalement à la flânerie à pied, à vélo ou à une pause au bord de l'eau en compagnie des cygnes, des hérons, des poules d'eau et des foulques. Certains habitants viennent même y chercher des escargots à cuisiner. Pourtant, Dyssen a un passé sombre en tant que dernier lieu d'exécution du Danemark. À la suite des procès après la Seconde Guerre mondiale, 29 collaborateurs nazis condamnés y affrontèrent le peloton d'exécution. La dernière mise à mort, celle de Niels Rasmus Ib Birkedal Hansen, doyen danois de la Gestapo, date de 1950. Détail sinistre, on peut encore voir le sol en béton et la bouche d'égout au bord du chemin, tout au nord de Dyssen.

Stadens Museum for Kunst

Les habitants surnomment leur quartier"Staden" (ville), aussi la galerie d'art Stadens Museum for Kunst joue-t-elle sur le nom du plus officiel Statens Museum for Kunst. Elle occupe le 2e niveau du Loppen, un ancien entrepôt d'artillerie de 1863 sur Prinsessegade, à côté de l'entrée principale de Christiania. Les expositions par rotation d'œuvres d'art contemporain d'artistes danois et étrangers prennent aussi bien la forme de dessins et de tableaux que d'installations. En fonction du mois, vous verrez peut-être des objets en grès du Groenland, des sculptures tunisiennes en matériaux recyclés ou des photographies. La galerie d'art comprend aussi un café cosy où débattre sur l'art et recharger ses batteries.

☑ À savoir

- De fin juin à fin août, des visites guidées de Christiania (1 heure-1 heure 30 ; 40 DKK) partent tous les jours à 15h (le week-end uniquement de septembre à fin juin) juste après l'entrée principale, dans Prinsessegade.
- On peut généralement prendre des photos à Christiania, sauf aux alentours et dans la rue principale dite Pusher Street. Les revendeurs illégaux de cannabis peuvent devenir nerveux ou agressifs si on les photographie.

Une petite faim ?

Pour un repas végétarien abordable dans un joli jardin, filez tout droit à Morgenstedet (p. 80), en plein cœur de Christiania.

Pour un dîner plus haut de gamme, vous pouvez réserver une table au 108 (p. 78), restaurant star de la cuisine moderne danoise, étoilé au Michelin.

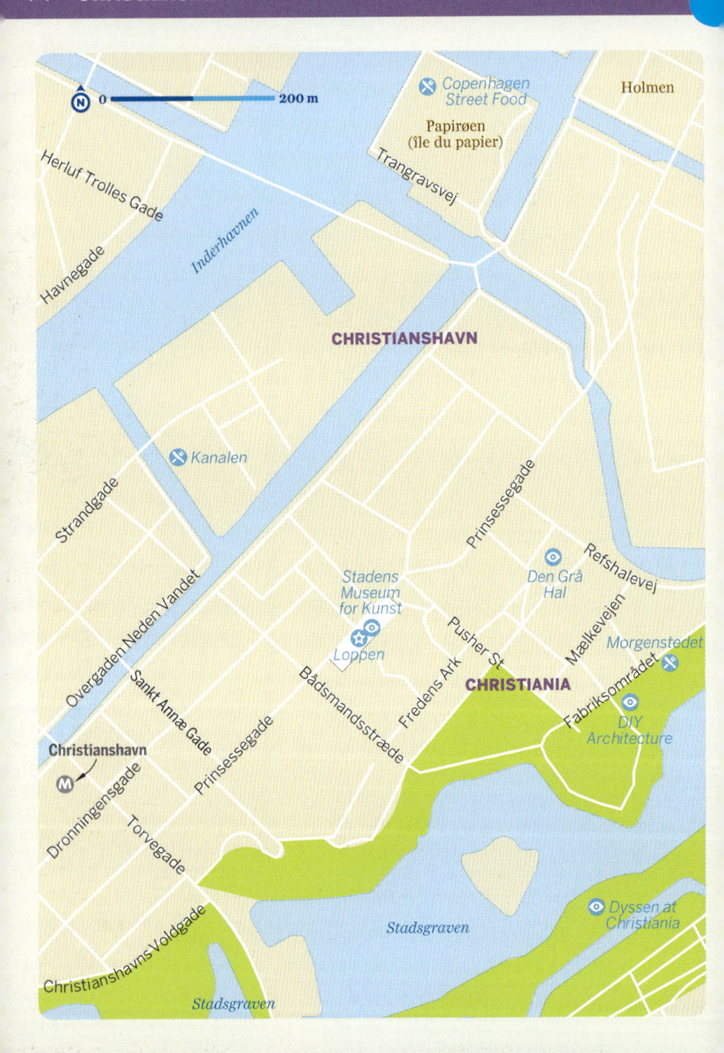
0
200 m
Copenhagen Street Food
Papirøen (île du papier)
Holmen
Trangravsvej
Herluf Trolles Gade
Inderhavnen
Havnegade
CHRISTIANSHAVN
Kanalen
Strandgade
Prinsessegade
Refshalevej
Den Grå Hal
Stadens Museum for Kunst
Loppen
Overgaden Neden Vandet
Pusher St
Mælkevejen
Morgenstedet
Sankt Annæ Gade
Bådsmandsstræde
Fredens Ark
CHRISTIANIA
Fabriksområdet
DIY Architecture
Christianshavn
Prinsessegade
Dronningensgade
Torvegade
Stadsgraven
Dyssen at Christiania
Christianshavns Voldgade
Stadsgraven

Den Grå Hal

Le plus grand espace culturel de la communauté peut accueillir quelque 1 500 personnes. Cet ancien centre équestre militaire bâti en 1893 a trouvé avec la fondation de la ville libre de Christiania une nouvelle fonction de centre pour les arts et la musique. Certains des plus grands groupes et chanteurs ont fait vibrer ses vieux murs au fil des années, de Bob Dylan à Metallica en passant par Manic Street Preachers. Même si son calendrier est moins chargé de nos jours, le bâtiment vaut le détour pour son architecture et ses graffitis colorés. En décembre, la “Salle grise” devient le cœur des festivités de Noël à Christiania.

Architecture DIY

Au-delà de ses casernes taguées, le quartier réunit aussi quelques-unes des constructions les plus éclectiques et décalées de Copenhague, le plus souvent sous la forme de maisonnettes construites à la main avec des matériaux de récup. En suivant les chemins calmes de Christiania, vous tomberez sur un curieux patchwork de bâtiments : maison entièrement composée de cadres de fenêtres, serres aménagées, *bauwagens* (roulottes) allemandes et tsiganes, péniches et plateformes flottantes. Nombre de ces créations atypiques se trouvent à côté ou près des anciennes douves, en bordure est de Christiania.

Porte décorée, Christiania

Loppen

Son slogan a beau être “fermé depuis 1973” le quarantenaire **Loppen** (☎32 57 84 22 ; www.loppen.dk ; Sydområdet 4B ; ⏲20h30-tard dim-jeu, 21h-tard ven-sam ; 📶) continue à décoiffer. Occupant le même entrepôt que le Stadens Museum for Kunst, l’établissement a commencé en mettant en avant la scène underground locale avant d’évoluer pour devenir une scène musicale des plus prolifiques. Aujourd’hui, la programmation est particulièrement éclectique, mêlant talents locaux et internationaux, plus ou moins confirmés et établis.

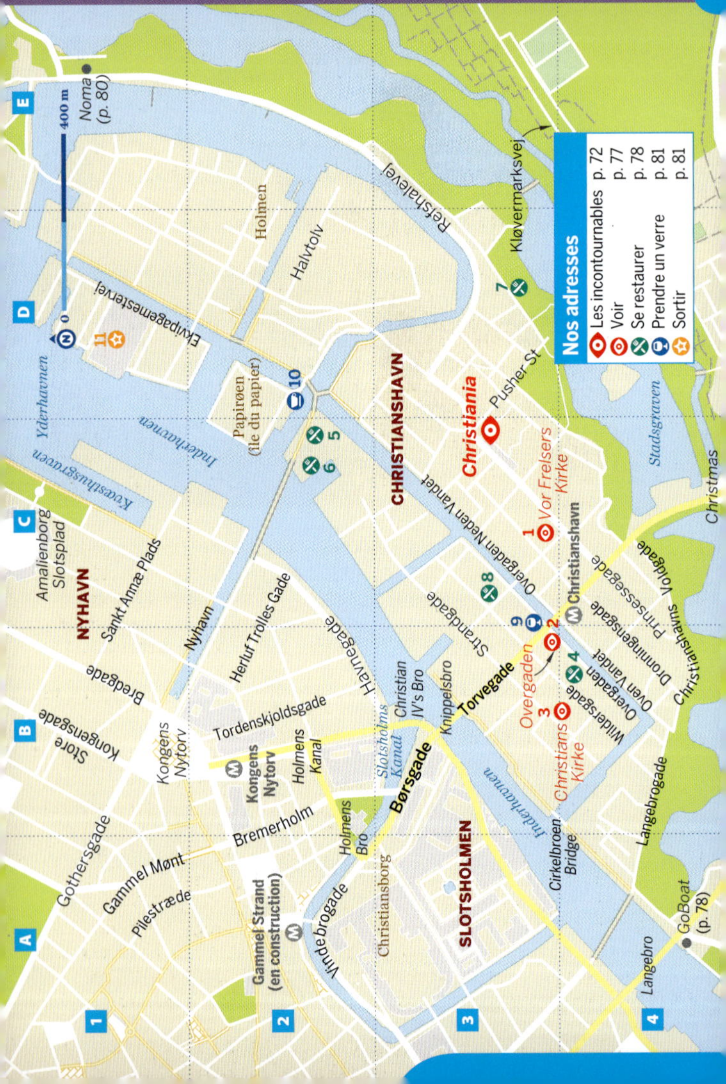

Nos adresses

A B C D E
1 2 3 4
0 400 m
Noma (p. 80)
Yderhavnen
11
Ekvipagemestervej
Holmen
Halvtolv
Refshalevej
Kløvermarksvej
7
10
Papirøen (île du papier)
Inderhavnen
5
6
Kvæsthusgraven
Amalienborg Slotsplad
NYHAVN
Sankt Annæ Plads
Nyhavn
Herluf Trolles Gade
Havnegade
Bredgade
Store Kongensgade
Kongens Nytorv
Tordenskjoldsgade
Kongens Nytorv
Holmens Kanal
Slotsholms Kanal
Christian IV's Bro
Knippelsbro
Børsgade
Gothersgade
Gammel Mønt
Pilestræde
Bremerholm
Holmens Bro
Gammel Strand (en construction)
Vindebrogade
Christiansborg
SLOTSHOLMEN
CHRISTIANSHAVN
Christiania
Pusher St
Overgaden Neden Vandet
1 Vor Frelsers Kirke
Strandgade
8
9
2
Overgaden
Torvegade
4
3 Christians Kirke
Wildersgade
Overgaden Oven Vandet
Christianshavn
Dronningensgade
Prinsessegade
Voldgade
Christianshavns
Stadsgraven
Christmas
Inderhavnen
Cirkelbroen Bridge
Langebrogade
Langebro
GoBoat (p. 78)

Vue depuis la Vor Frelsers Kirke

Voir

Vor Frelsers Kirke
ÉGLISE

1 Plan p. 76, C3

Avec sa flèche en spirale de 95 m, l'église Notre-Sauveur (XVIIe siècle) passe difficilement inaperçue. Pour bénéficier d'une vue imprenable sur la ville, il faut gravir sans avoir le vertige 400 marches raides, sachant que les 150 dernières se trouvent à l'extérieur et rétrécissent jusqu'à presque disparaître au sommet. La flèche est un ajout de Lauritz de Thurah en 1752 qui s'inspira de la tour créée par Borromini pour l'église Sant'Ivo à Rome. À l'intérieur, l'église possède un bel autel ornemental et un orgue savamment sculpté de 1698. (41 66 63 57 ; www.vorfrelserskirke.dk ; Sankt Annæ Gade 29 ; église gratuite, visite guidée adulte/enfant 40/10 DKK ; 11h-15h30, fermé pendant les offices, tour 9h30-19h lun-sam, 10h30-19h dim mai-sept, sinon horaires réduits ; 2A, 9A, 37, 350S, M Christianshavn)

Overgaden
GALERIE

2 Plan p. 76, B3

Peu fréquentée par les touristes, cette galerie à but non lucratif programme une dizaine d'accrochages par an, axés sur des œuvres d'art contemporain et de photographie, en principe de jeunes artistes, à la fois danois et étrangers. Elle propose aussi une riche programmation : interventions d'artistes, conférences, représentations, concerts et films. (32 57 72 73 ; www.overgaden.org ;

Overgaden Neden Vandet 17 ; gratuit ; 13h-17h mar-dim, jusqu'à 20h jeu ; 2A, 9A, 37, 350S, M Christianshavn)

Christians Kirke ÉGLISE

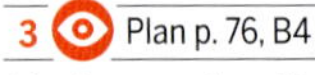

3 Plan p. 76, B4

Ainsi nommé en l'honneur de Christian IV – qui a fondé Christianshavn au début du XVIIe siècle – la Christians Kirke est réputée pour son intérieur aux airs de théâtre rococo. Construite entre 1754 et 1759, elle fut utilisée par l'importante congrégation allemande de Christianshavn jusqu'à la fin du XIXe siècle. (32 54 15 76 ; www.christianskirke.dk ; Strandgade 1 ; 10h-16h mar-ven ; 2A, 9A, 37, 350S, M Christianshavn)

Bon plan

GoBoat

Le kiosque de **GoBoat** (Plan p. 76, A4 ; 40 26 10 25 ; www.goboat.dk ; Islands Brygge 10 ; location de bateau 1/2/3 heures 399/749/999 DKK ; 9h30-coucher du soleil ; ; 5C, 12, M Islands Brygge) d'Islands Brygge Havnebadet loue des petits bateaux fonctionnant à l'énergie solaire qui permettent d'explorer à sa guise le port et les canaux de Copenhague. Il n'est pas nécessaire de posséder un permis bateau pour les conduire et ils sont tous équipés d'une table de pique-nique (vous pourrez acheter de quoi manger à GoBoat ou apporter votre propre pique-nique). Chaque bateau peut accueillir jusqu'à 8 personnes.

Se restaurer

Kadeau NOUVELLE CUISINE NORDIQUE $$$

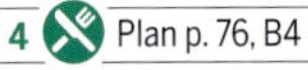

4 Plan p. 76, B4

Petit frère du restaurant d'origine de Bornholm, ce deux-étoiles au guide Michelin s'est fermement imposé comme l'un des meilleurs restaurants de nouvelle cuisine nordique en Scandinavie. Qu'il s'agisse des Saint-Jacques au raifort et pin ou de l'association inattendue *ymer* (fromage blanc danois), caramel et pommes de terre, chaque plat évoque les saveurs, les humeurs et les paysages nordiques avec un talent et une créativité extraordinaires. La carte des vins est un beau catalogue de petits producteurs, le service est chaleureux, authentique et professionnel. Réservation obligatoire. (33 25 22 23 ; www.kadeau.dk ; Wildersgade 10B ; menu dégustation 1 800 DKK ; 18h30-minuit mer-ven, 12h-16h et 18h30-minuit sam ; 2A, 9A, 37, 350S, M Christianshavn)

108 DANOIS $$

5 Plan p. 76, C2

Dans son vaste entrepôt aux piliers de béton, le 108 offre une approche moins formelle et plus abordable de la nouvelle cuisine nordique que le Noma, son très renommé grand frère. Les assiettes partagées de style familial mettent en valeur les produits locaux, fermiers, de saison ou mis en saumure ou en conserve. Tous les plats ne sont pas à tomber à la renverse, mais beaucoup risquent de vous laisser une impression mémorable. Un dîner de

Comprendre

La table danoise

Copenhague compte 15 restaurants étoilés au guide Michelin, mais c'est aussi le terrain de jeu d'un nombre sans cesse croissant de jeunes et talentueux chefs qui revisitent les classiques avec une inventivité folle, tout en mettant la qualité des produits à l'honneur. À vos fourchettes (design) pour prendre place à la table danoise très convoitée !

Au-delà de la nouvelle cuisine nordique

Si la nouvelle cuisine nordique servie dans les restaurants comme Kadeau ravit encore et toujours les critiques, les blogueurs et les gastronomes en général, la scène culinaire de Copenhague ne cesse d'évoluer pour autant. Beaucoup de chefs de cuisine de renom ont aujourd'hui ouvert leur propre restaurant, comme le 108, le Restaurant Mes et le Bror. La plupart proposent une cuisine plus simple et plus abordable sans pour autant sacrifier la qualité et l'innovation : une "démocratisation" de la gastronomie, en quelque sorte. Beaucoup ont aussi une approche moins dogmatique de la cuisine nordique contemporaine, ayant recours sans crainte aux épices ou à d'autres influences extérieures. C'est ainsi qu'un ancien de Noma est derrière la très populaire taquería Hija de Sanchez, l'un des spots d'une cuisine du monde de qualité que l'on voit de plus en plus apparaître à Copenhague, parmi lesquels on compte aussi le Slurp Ramen Joint.

Classiques danois

En dépit de cette révolution, les spécialités séculaires danoises restent bien présentes à Copenhague. Ainsi, goûter de grands classiques tels les *frikadeller* (boulettes de viande), le *sild* (hareng mariné) et la spécialité danoise la plus connue à l'étranger, le *smørrebrød* (sandwich ouvert) dans des institutions comme Schønnemann fait partie intégrante de la découverte de Copenhague. Le *smørrebrød* de base consiste en une tranche de pain garnie de quantité d'ingrédients : rôti de bœuf ou de porc, crevettes, hareng fumé, pâté de foie ou filet de poisson frit. La présentation varie aussi beaucoup, pour un résultat final souvent trop beau pour être mangé. Le *smørrebrød* danois associe le saumon fumé au pain blanc et les harengs au pain de seigle. Quelle que soit la combinaison choisie, cette spécialité mythique s'accompagne idéalement d'akvavit ou d'une bière revigorante.

100% copenhaguois

Le renouveau du Noma

René Redzepi a largement contribué à la renommée de la nouvelle cuisine danoise à la tête du Noma, qui a été nommé meilleur restaurant du monde en 2010, puis à trois autres reprises. Dans une volonté de renouvellement, le chef a néanmoins fermé son établissement en 2017 avant de le rouvrir dans un nouveau lieu au printemps 2018, associé à un vaste jardin potager. L'objectif est toujours de n'utiliser que des produits scandinaves pour créer d'extraordinaires symphonies de saveurs et de textures. À n'en pas douter, malgré le tarif élevé du menu (autour de 300 €, 450 avec les vins), la liste d'attente devrait être longue pour accéder à l'une des tables du nouveau **Noma** (Plan p. 76, E1 ; réservations noma.dk : Refshalevej 96 ; 9A ; Holmen Nord).

trois plats devrait suffire à combler la plupart des appétits. (32 96 32 92 ; www.108.dk ; Strandgade 108 ; plats 95-185 DKK, plats partagés pour 2 pers 300-450 DKK ; restaurant 17h-minuit, café 8h-minuit lun-ven, 9h-minuit sam et dim ; ; 9A)

Barr

SCANDINAVE **$$$**

6 Plan p. 76, C2

Barr revisite les traditions de la mer du Nord en mettant l'accent sur les produits. Les petites assiettes sont assez inégales, mais celles avec blinis et caviar sont parmi les plus intéressantes. Comptez environ quatre petites assiettes par personne ; mieux vaut se contenter des blinis et de prendre ensuite une fantastique escalope de veau ou les *frikadeller* (boulettes de viande). (32 96 32 93 ; restaurantbarr.com ; Strandgade 93 ; petites assiettes 95-240 DKK, menu 4 plats 600 DKK ; 17h-minuit mar-jeu, 12h-minuit sam et sam ; ; 9A, 66, Nyhavn)

Morgenstedet

VÉGÉTARIEN **$**

7 Plan p. 76, D3

Ce petit restaurant tout simple à l'atmosphère hippie ne propose qu'un court menu du jour, affiché sur l'ardoise. Il se compose généralement d'une soupe et d'un choix de deux ou trois plats avec salade. Qu'il s'agisse de la soupe de choux-fleurs aux pois chiches et aux herbes ou du gratin crémeux de pommes de terre, tout est toujours végétarien, bio et délicieux. Le jardin du café est aussi très agréable. Règlements en espèces uniquement. (Fabriksområdet 134 ; plats 50-110 DKK ; 12h-21h mar-dim ; ; 9A, Christianshavn)

Cafe Wilder

DANOIS **$$**

8 Plan p. 76, C3

Avec ses nappes blanches et ses tables sur le trottoir, on croirait un bistrot parisien, mais c'est l'un des plus anciens cafés de Copenhague et il est même apparu plusieurs fois dans la série télévisée culte *Borgen*. Revivez vos scènes favorites autour d'un *smørrebrød* ou d'un porc aux croquettes de patates douces et sauce au cassis. (32 54 71 83 ; www.cafewilder.dk ; Wildersgade 56 ; déj 119-149 DKK, plats dîner 179-209 DKK ; 9h-23h lun-jeu, 9h-minuit ven et sam, 9h-22h30 dim ; ; 2A, 9A, 37, 350S, M Christianshavn)

Prendre un verre

Christianshavns Bådudlejning og Café

BAR

9 Plan p. 76, C3

Cet établissement cosy et accueillant, donnant sur le principal canal de Christianshavn, accueille une clientèle joviale sous ses guirlandes lumineuses. Il propose à manger pour les petits creux et dispose de chauffages à gaz et d'un auvent pour se prémunir du froid nordique. Le café prévoit de reprendre les locations de petits bateaux à rames en 2018. (32 96 53 53 ; www.baadudlejningen.dk ; Overgaden Neden Vandet 29 ; 9h-minuit juin-août, sinon horaires réduits ; ; 2A, 9A, 37, 350S, M Christianshavn)

Den Plettede Gris

CAFÉ

10 Plan p. 76, D2

Situé sur Papirøen (île du papier) le minuscule "cochon à pois" appartient au designer, artiste et musicien avant-gardiste Henrik Vibskov. L'intérieur est purement à l'image du maître des lieux, avec des sculptures en élastiques, des taches de rose et de rouge et une ambiance incroyablement décontractée. Une adresse idéale pour un café suédois ou un thé bio, une part de gâteau ou une bière aux fleurs de sureau. (Trangravsvej 5 ; 9h-18h lun-ven, 10h-18h sam et dim ; ; 9A, Papirøen)

Operaen (Opéra de Copenhague)

Sortir

Operaen

OPÉRA

11 Plan p. 76, D1

Réalisé par feu Henning Larsen, l'opéra ultramoderne de Copenhague comprend deux salles, la scène principale et la plus petite et plus expérimentale Takkeløftet. Son répertoire couvre tout l'éventail lyrique, des œuvres classiques aux spectacles contemporains. Sous-titres en danois uniquement. Les places sont à prendre directement sur le site Internet. (Opéra de Copenhague ; billetterie 33 69 69 69 ; www.kglteater.dk ; Ekvipagemestervej 10 ; 9A, Operaen)

Explorer

Nørreport

Nørreport et ses environs mêlent étals de marchés, restaurants, bars et collections artistiques admirables. On y trouve l'alléchant marché Torvehallerne KBH ainsi que la rue gentiment branchée de Nansensgade, qui abrite plusieurs très bons bars et restaurants. Le quartier abrite également plusieurs sites majeurs de la ville, parmi lesquels le Statens Museum for Kunst et le Rosenborg Slot. Ce dernier borde le très beau Kongens Have.

L'essentiel en un jour

Petit-déjeunez au **Torvehallerne KBH** (p. 90), notamment à **Grød** (p. 90), pour ses flocons d'avoine maison. Hormis cette enseigne, qui ouvre tôt, la plupart des vendeurs arrivent à 10h (11h le dimanche) : prévoyez d'explorer le marché après le petit-déjeuner. Traversez le paisible **Botanisk Have** (p. 93) sur le chemin du **Statens Museum for Kunst** (p. 88), riche en chefs-d'œuvre danois.

À proximité, l'élégant Kongens Have abrite l'**Orangeriet** (p. 85), qui est réputé pour ses *smørrebrød* (sandwichs ouverts). Après avoir déjeuné, vous pourrez traverser le parc jusqu'au **Rosenborg Slot** (p. 84), château Renaissance qui abrite les Joyaux de la couronne. À proximité, le musée **Davids Samling** (p. 93), connu pour sa collection d'arts décoratifs islamiques, ne manque pas non plus de trésors.

Le soir, cap sur les bars de la paisible Nansensgade. La carte des vins du **Bibendum** (p. 95) réjouira les œnophiles. Les amateurs de décors insolites craqueront pour le **Bankeråt** (p. 95). Pour un excellent dîner de cuisine nordique à prix doux, réservez une table chez **Höst** (p. 94), à moins que vous ne préfériez la simplicité savoureuse de **Pluto** (p. 94).

Pour découvrir le Nørreport des habitants, voir p. 90.

Les incontournables

Rosenborg Slot (p. 84)

Statens Museum for Kunst (p. 88)

100% Copenhaguois

Tous au marché ! (p. 90)

Le meilleur du quartier

Musées et galeries

Rosenborg Slot (p. 84)

Statens Museum for Kunst (p. 88)

Davids Samling (p. 93)

Se restaurer

Höst (p. 94)

Comment y aller

Métro La station Nørreport se trouve juste à côté de Torvehallerne KBH.

S-Tog Toutes les lignes de S-Tog s'arrêtent à la station Nørreport. Vous pouvez prendre un S-Tog à destination d'Helsingør jusqu'à Humlebæk pour rejoindre le musée Louisiana.

Bus Les itinéraires 5C et 350S desservent Nørrebro. La ligne 14 passe par le centre de Copenhague et s'avère pratique pour rejoindre Slotsholmen. La ligne 6A dessert Vesterbo et Frederiksberg.

Les incontournables
Rosenborg Slot

Regorgeant de portraits royaux et de tapisseries, le majestueux Rosenborg Slot abrite également les joyaux de la couronne. Construit entre 1606 et 1633 par Christian IV pour lui servir de résidence estivale, il fut reconverti en musée dans les années 1830, fonction qu'il occupe encore aujourd'hui, tout en servant de coffre à bijoux géant pour la famille royale.

Plan p. 92, D3

www.kongernessamling.dk/en/rosenborg

adulte/enfant 100 DKK/gratuit, avec Amalienborg Slot 145 DKK/gratuit

9h-17h mi-juin-mi-sept, horaires restreints le reste de l'année

6A, 42, 184, 185, 350S, M Nørreport ; S Nørreport

Vue sur le Rosenborg Slot depuis Kongens Have (p. 87)

Salon d'hiver de Christian IV

La salle n°1 est la mieux préservée de l'édifice d'origine. Les riches boiseries, ornées de peintures danoises, furent commencées par Gregor Greuss, ébéniste à la Cour, et achevées en 1620. Le plafond arbore des représentations mythologiques de Pieter Isaacsz, peintre hollandais d'origine danoise ; initialement destinées à la pièce juste au-dessus, elles furent déplacées ici vers 1770 et remplacèrent les stucs d'origine. Remarquez aussi le plateau de la table florentine du XVIIe siècle, incrusté de pierres semi-précieuses, et l'horloge astronomique (avec personnages mobiles et musique), de 1594, qui est l'œuvre du célèbre horloger suisse Isaac Habrecht.

Chambre de Christian IV

C'est dans la salle n°3 que mourut le célèbre roi bâtisseur du Danemark, Christian IV, le 28 février 1648. On y voit encore son bonnet de nuit et ses pantoufles, ainsi que ses vêtements tachés de sang, provenant de la bataille navale de Kolberger Heide (juillet 1644). Les murs, portes et stucs du plafond sont d'époque, tout comme les stucs du plafond du cabinet de toilette adjacent. Les carreaux bleu et blanc de ce dernier datent du réaménagement du château par Frédéric IV, en 1705 – certains sont les carreaux hollandais d'origine et d'autres, des copies fabriquées à Copenhague en 1736 mais mises en place au XIXe siècle. À l'origine, une citerne faisait office de réservoir de chasse d'eau et les eaux usées s'écoulaient dans les douves.

Cabinet des Glaces

À défaut d'être la salle la plus luxueuse du 1er étage, le cabinet des Glaces, inspiré de la galerie des Glaces du château de Versailles,

À savoir

- Pour éviter les files d'attente (qui peuvent être horriblement longues en été) et choisir votre créneau horaire, mieux vaut acheter son billet en ligne. Le billet peut être directement envoyé sur votre smartphone. Si vous avez la Copenhagen Card, il vous faudra aller chercher votre billet en personne au guichet du château.

Une petite faim ?

- De l'autre côté de Kongens Have, **Big Apple ApS** (Kronprinsessegade 2 ; sandwichs 60 DKK ; 8h-18h lun-ven, 9h-18h sam et dim ; ; 350S, M Kongens Nytorv) est une bonne adresse pour un sandwich maison et un café.

- Pour quelque chose de plus haut de gamme, réservez une table à l'**Orangeriet** (33 11 13 07 ; www.restaurant-orangeriet.dk ; *smørrebrod* 85 DKK, dîner 3/4/5 plats 395/475/525 DKK ; 11h30-15h lun-sam et 18h-22h mer-sam, 12h-16h dim), dans l'ancien observatoire du parc.

est certainement la plus curieuse. Le plafond, le sol et les murs tapissés de miroirs trouveraient toute leur place dans un magazine de décoration intérieure des années 1970. Le cabinet n'en est pas moins typiquement baroque. Il remonte au début du XVIIIe siècle et fut spécialement conçu pour Frédéric IV. Très en vogue à l'époque, les cabinets des Glaces se trouvaient fréquemment au cœur des suites royales, où ils étaient reliés à la chambre du souverain. De la chambre de Frédéric IV, située au rez-de-chaussée, le cabinet des Glaces était accessible par un escalier en colimaçon.

Salle des chevaliers

La salle des chevaliers, qui était à l'origine une salle de bal, fut achevée en 1624. Ce fut la dernière à être meublée dans le château. Elle renferme aujourd'hui les trônes destinés aux couronnements. Les douze tapisseries de Rosenborg, représentant les batailles que se livrèrent le Danemark et la Suède au cours de la guerre de Scanie (1675-1679), furent commandées par Christian V pour vanter ses prouesses militaires. Remarquez aussi le plafond en stuc, avec les quatre peintures de Hendrick Krock figurant les quatre insignes royaux : la couronne, l'orbe, le glaive et le sceptre. Deux petites pièces sont situées dans le prolongement de la salle des chevaliers : des verreries vénitiennes sont présentées dans la première ; la seconde renferme le service Flora Danica d'origine de la manufacture de porcelaine Royal Copenhagen, décoré de ravissants motifs botaniques.

Caves et salle verte

Le principal attrait du Rosenborg Slot est son sous-sol, où est conservée l'extraordinaire collection royale. Dans la cave du château, certaines bouteilles poussiéreuses remontent au XVIIIe siècle. Le vin est toujours servi pour les grandes occasions – bien souvent, seules quelques gouttes sont mélangées à des nectars bien meilleurs, en guise de cérémonial. La cave la plus au nord contient des objets décoratifs remarquables, comme le lustre du XVIIIe siècle en ambre de Lorenz Spengler. À l'extrémité sud du sous-sol, la salle verte renferme une incroyable profusion d'objets ayant appartenu à la famille royale. Remarquez les harnachements qui servirent pour le couronnement de Christian IV en 1596.

Trésor

Juste à côté de la salle verte, le Trésor réunit les joyaux les plus précieux du château. Parmi eux, la spectaculaire couronne de Christian IV fut créée pour son couronnement par Dirich Fyring d'Odense. En or, perles et pierres taillées, elle pèse 2,89 kg et arbore notamment un pélican nourrissant son petit avec son propre sang – une représentation symbolique de la nécessité pour

Salle de réception, Rosenborg Slot

les souverains de se sacrifier pour leurs sujets. Remarquez aussi l'épée de Christian III sertie de pierres précieuses (1551) et la corne d'Oldenburg, extraordinairement ouvragée. Fabriquée en argent au milieu du XVe siècle, elle aurait été offerte par Christian Ier à la cathédrale de Cologne, avant de revenir au Danemark après la Réforme.

Kongens Have

Devant le Rosenborg Slot, le Kongens Have (jardin du Roi) est très apprécié. Plus vieux parc de la ville, il fut dessiné au début du XVIIe siècle par Christian IV, pour servir de potager. Aujourd'hui, il a un peu plus à offrir, avec ses sentiers délicieusement romantiques, sa roseraie parfumée et ses parterres de fleurs, qui comptent parmi les plus longs d'Europe du Nord. Il abrite également un théâtre de marionnettes avec des spectacles gratuits de mi-juillet à mi-août (14h et 15h du mardi au dimanche). Situé du côté nord-est du parc, le théâtre occupe l'un des pavillons néoclassiques conçus au XVIIIe siècle par l'architecte danois Peter Meyn.

Les incontournables
Statens Museum for Kunst

Le musée national du Danemark est la plus importante institution artistique du pays. Sa collection de peintures, sculptures et dessins couvre des siècles d'expression créatrice, de Mantegna à Matisse et au-delà. Les grands artistes danois sont particulièrement bien représentés : icônes de l'âge d'or comme Christoffer Wilhelm Eckersberg et Christen Købke, électrons libres du XXe siècle comme Asger Jorn et Per Kirkeby, créateurs contemporains comme Elmgreen & Dragset.

Plan p. 92, D1

www.smk.dk

adulte/enfant 110 DKK/gratuit

11h-17h mar et jeu-dim, jusqu'à 20h mer

6A, 26, 42, 184, 185

Art européen : 1300–1800

Collection royale à l'origine, elle accueille toutes les toiles de grands maîtres, comme le *Jugement de Salomon* (vers 1617) de Rubens. Découvrez la série de toiles du maître flamand du XVIIe siècle Cornelis Norbertus Gijsbrechts : ses trompe-l'œil font preuve d'une sensibilité étonnamment moderne. Vous y trouverez aussi de très belles œuvres italiennes, comme *Le Christ mort soutenu par deux anges* (vers 1495–1500) d'Andrea Mantegna.

Art danois et nordique : 1750–1900

Laissez-vous toucher par la rage tranquille du *Philoctète blessé* (1775) de Nicolai Abildgaard et le mélancolique *Paysage d'hiver près de Vordingborg, Danemark* (1829), de Johan Christian Dahl. L'œuvre la plus renommée de CW Eckersberg est sans conteste sa *Vue à travers trois des arches du nord-ouest du troisième étage du Colisée de Rome* (1815–1816), où ce qui apparaît comme une représentation fidèle de Rome est en fait un assemblage de trois perspectives différentes.

Art français 1900-1930

La section du musée consacrée à la France inclut un nombre impressionnant d'œuvres de Matisse, dont *La Raie verte* (1905), considérée comme un chef-d'œuvre du portrait moderne. Elle accueille aussi la *Femme en chemise* (1906) d'André Derain.

Art moderne danois et étranger

Les œuvres danoises sont particulièrement remarquables, à l'image de *Tempête sur la mer* (1954), de l'expressionniste Jens Søndergaard, et des œuvres des artistes du mouvement CoBrA, comme Asger Jorn. À ne pas manquer : le *Sacrifice du cheval* et les *Objets du sacrifice du cheval*, de Bjørn Nørgaard, qui témoignent du sacrifice rituel d'un cheval par l'artiste dans les années 1970, en protestation contre la guerre du Vietnam.

À savoir

- N'hésitez pas à prendre un audioguide, ils sont fantastiques. Certaines pièces maîtresses des collections permanentes y sont présentées de manière rapide et facilement compréhensible par les conservateurs du musée.
- Au printemps et à l'automne se tiennent les Vendredis du Statens Museum For Kunst, durant lesquels le musée reste ouvert tardivement, avec des conférences sur l'art, des sets de DJ, des spectacles et la nourriture.

Une petite faim ?

- À 450 m seulement à l'est du musée, **Aamanns** (☎ 20 80 52 01 ; www.aamanns.dk ; Øster Farimagsgade 10 ; *smørrebrød* 65-115 DKK ; 11h-17h30 tlj, vente à emporter 11h-19h lun-ven, 11h-16h sam et dim ; 6A, 14, 37, 42, 150S, 184, 185) propose l'un des meilleurs *smørrebrød* de la ville.

100% Copenhaguois
Tous au marché !

On trouve de tout sur le Torvehallerne KBH (www.torvehallernekbh.dk ; 10h-19h lun-jeu, jusqu'à 20h ven, jusqu'à 18h sam, 11h-17h dim)**, ode appétissante à la fraîcheur, aux saveurs et à la *slow food* : baies et herbes aromatiques, viandes fumées, fruits de mer, fromages, *smørrebrød*, pâtes fraîches, café... Vous pourrez aisément passer une heure ou plus à explorer ses halles jumelles en verre, à discuter avec les vendeurs, à faire des provisions, à vous restaurer...**

1 Grød

Chez **Grød** (halle 2, stand A8 ; http://groed.com), le porridge devient sexy ! Agrémentez le vôtre de compote de groseilles, de sucre à la réglisse, de *skyr* (yaourt islandais) et de noisettes, ou optez pour des flocons d'avoine cuits dans du jus de carotte et servis avec de la pomme, des graines de lin torréfiées, des raisins secs et du sirop de gingembre. Dans la journée, goûtez la soupe de riz au poulet !

2 Coffee Collective

Rendez-vous au **Coffee Collective** (halle 2, stand C1 ; www.coffeecollective.dk) pour satisfaire votre envie de café ! Les grains, d'origine équitable, viennent directement des producteurs. Deux mélanges sont généralement proposés pour l'espresso : l'un fort et traditionnel ; l'autre plus exigeant, façon troisième vague. Autre choix possible, une tasse de café passé manuellement dans un *dripper* Kalita Wave.

3 Omegn

Omegn (halle 1, stand E2 ; http://omegn.com) est une épicerie fine scandinave, qui s'approvisionne auprès d'excellents petits producteurs danois. Sa sélection de fromages comprend notamment du Thybo, un fromage de vache fort du nord du Jutland. Les bières artisanales Borghgedal, en provenance de Vejle, sont également intéressantes. Vous pourrez aussi commander une assiette de fromage et de charcuterie et un bon *skipperlabskov* (ragoût de bœuf) à l'ancienne à consommer sur place.

4 Unika

Unika by Arla (halle 1, stand F5 ; www.arlaunika.dk) est la boutique haut de gamme d'Arla, l'une des grandes marques de l'industrie laitière danoise. Elle travaille avec des petites laiteries, des fromageries artisanales et des grands chefs pour produire des fromages d'inspiration scandinave – goûtez par exemple le Kry, au lait cru. Notez les vins de dessert à base de pomme de la Cold Hand Winery, du Jutland.

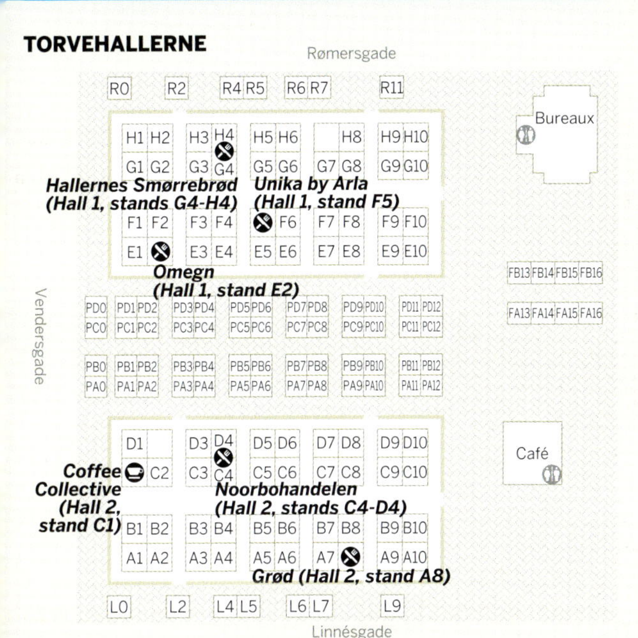

❺ Hallernes Smørrebrød

Les *smørrebrød* de **Hallernes Smørrebrød** (halle 1, stand G4-H4 ; www.hallernes.dk) sont aussi savoureux que leur prix est doux – comme les bières et l'akvavit. Installez-vous au bar en bois, commandez une bière Mikkeller et régalez-vous de classiques admirablement présentés, comme le *fiskefilet* (filet de poisson) sauce rémoulade. Comptez un *smørrebrød* pour un petit creux, deux pour une grosse faim.

❻ Noorbohandelen

Il n'est jamais trop tôt pour un *skål* à **Noorbohandelen** (halle 2, stand C4-D4 ; https ://www.noorbohandelen.dk), dont les étagères sont chargées de bouteilles d'alcool en édition limitée à goûter et acheter. Ils possèdent même leur propre marque de schnaps et bitters, à base d'herbes de l'île de Møn. Cerise sur le gâteau, les belles bouteilles personnalisées font d'excellents souvenirs.

Nos adresses
Les incontournables p. 84
Voir p. 93
Se restaurer p. 94
Prendre un verre p. 95
Shopping p. 95
0
200 m
A
B
C
D
E
1
2
3
4
Statens Museum for Kunst
Hirschsprung 3
Botanisk Have 2
Rosenborg Slot
Davids Samling 1
Botanisk Have
Kongens Have
Østre Anlæg
Sortedams Sø
Dronning Louises Bro
Øster Voldgade
Øster Farimagsgade
Øster Søgade
Nørre Søgade
Nørre Voldgade
Nørre Farimagsgade
Stockholmsgade
Sølvgade
Sølvtorvet
Kronprinsessegade
Rigensgade
Klerkegade
Adelgade
Dronningens Tværgade
Landgreven
Borgergade
Gothersgade
Vognmagergade
Landemærket
Åbenrå
Rosenborggade
Hauser Plads
Kultorvet
Fiolstræde
Nørreport
Linnésgade
Rømersgade
Israels Plads
Frederiksborggade
Vendersgade
Nansensgade
Ahlefeldtsgate
5
6
7
8
9
10

Botanisk Have

Voir

Davids Samling

MUSÉE

1 Plan p. 92, E3

Ce merveilleux musée possède la plus vaste collection d'art islamique de Scandinavie : des bijoux, céramiques et soieries, et autant de pièces ravissantes, à l'image d'une carafe égyptienne en cristal de roche datant de l'an 1000 et d'une dague indienne incrustée de rubis vieille de 500 ans. Et cela ne s'arrête pas là, avec une élégante sélection d'œuvres d'art danoises, hollandaises, anglaises et françaises, d'argenterie et de meubles (XVIIe-XIXe siècle). (33 73 49 49 ; www.davidmus.dk ; Kronprinsessegade 30 ; gratuit ; 10h-17h mar et jeu-dim, jusqu'à 21h mer ; 26, 350S ; M Kongens Nytorv)

Botanisk Have

JARDIN

2 Plan p. 92, C2

Reposant et romantique, le jardin botanique de Copenhague posséderait près de 13 000 espèces de plantes (soit la plus grande collection du Danemark). Afin d'échapper aux températures trop chaudes, vous pourrez vous promener le long de sentiers paisibles dans la **Palmehus** (10h-17h tlj avr-sept, 10h-15h mar-dim oct-avr ; 6A, 14, 37, 150S, 184, 185, M Nørreport, S Nørreport), serre du XIXe siècle, voire acheter du miel produit par les abeilles du jardin dans la jolie petite boutique de souvenirs. (Jardin botanique ; http://botanik.snm.ku.dk ;

Gothersgade 140, Nørreport ; 8h30-18h avr-sept, 8h30-16h mar-dim oct-mars ; ; 6A, 42, 150S, 184, 185, M Nørreport, S Nørreport)

Hirschsprung

MUSÉE

3 Plan p. 92, D1

Ce musée consacré à l'art danois des XIXe et XXe siècles est un petit écrin riche en surprises pour les amateurs d'art peu familiers de la période classique de la peinture danoise. L'ancienne collection privée du magnat du tabac Heinrich Hirschsprung réunit des œuvres de peintres de l'"âge d'or" comme Christen Købke et C.W. Eckersberg, une remarquable sélection de toiles de Peder Severin Krøyer, et de Michael et Anna Ancher, trois des peintres de Skagen, ainsi que des œuvres de symbolistes danois et de peintres de Fionie. La collection Hirschsprung fait partie des 6 musées partenaires du pass Parkmuseerne (195 DKK). Pour plus d'infos, voir p. 130. (35 42 03 36 ; www.hirschsprung.dk ; Stockholmsgade 20 ; adulte/enfant 75 DKK/gratuit ; 11h-16h mer-dim ; 6A, 14, 37, 42, 150S)

Se restaurer

Höst

NOUVELLE CUISINE NORDIQUE **$$$**

4 Plan p. 92, A3

La phénoménale popularité de ce lieu n'a rien d'étonnant, avec sa décoration intérieure primée et sa nouvelle cuisine nordique aussi savoureuse que roborative. Le menu est magnifique, avec trois petits plats "surprises" et des créations évocatrices telles que le boeuf Angus au cassis, betterave et estragon, ou le délicat sorbet argousier, miel et camomille. (89 93 84 09 ; Nørre Farimagsgade 41 ; menu 3/5 plats 350/450 DKK ; 17h30-minuit, dernières commandes 21h30 ; 37, M Nørreport, S Nørreport)

Pluto

DANOIS **$$**

5 Plan p. 92, E4

Bruyant et convivial, Pluto ne manque pas de fans et on comprend pourquoi : excellente programmation musicale, personnel serviable, plats simples et beaux élaborés par le très respecté chef local Rasmus Oubæk. Qu'il s'agisse de la morue grillée aux carottes de saison ou des pommes de terre nouvelles aux truffes et haricots dans un bouillon de moules, la carte de style familial met toujours les produits à l'honneur. (33 16 00 16 ; http://restaurantpluto.dk ; Borgergade 16 ; plats 135-225 DKK ; 17h30-minuit lun-jeu, 17h30-2h ven et sam, 17h30-23h dim ; ; 1A, 26, M Kongens Nytorv)

Atelier September

CAFÉ **€**

6 Plan p. 92, E4

En dépit de son intérieur tout blanc et son plafond de verre authentique (caractéristique des vieilles pharmacies danoises), l'Atelier September est bien un café. Au programme : affiches anciennes, tables communes, délicieux espressos et cuisine agréable. Il serait, par exemple, dommage de manquer les tranches d'avocat sur pain de seigle, avec zestes de citron, ciboulette, paprika et huile d'olive pimentée. (☎26 29 57 53 ; www.atelierseptember.dk ; Gothersgade 30 ; plats 30-125 DKK ; 🕐7h30-16h lun-ven, 9h-16h sam, 10h-16h dim ; 🚌350S, Ⓜ Kongens Nytorv)

Prendre un verre

Bibendum

BAR À VINS

7 Plan p. 92, A3

Dans une cave rustique et confortable de Nansensgade, le Bibendum est un paradis pour les œnophiles. La carte des vins propose 30 vins au verre, mais n'hésitez pas à demander ce que les barmen vous proposent. Lors de notre dernière visite, cela incluait un spectaculaire Pinot noir de République tchèque. L'ambiance est intimiste mais décontractée et la carte de petites assiettes (de 80 DKK à 95 DKK) est formidable. (☎33 33 07 74 ; http://bibendum.dk ; Nansensgade 45 ; 🕐16h-minuit lun-sam ; 📶 ; 🚌37, 5C, 350S, Ⓜ Nørreport, Ⓢ Nørreport)

Culture Box

CLUB

8 Plan p. 92, E2

Les amateurs d'électro se pressent au Culture Box, connu pour accueillir d'excellents DJ danois et étrangers. Le club est partagé en trois espaces : le bar Culture Box, pour commencer la soirée ; le Red Box, à l'ambiance de club intimiste ; et le Black Box, où les DJ réputés se mettent aux platines. (☎33 32 50 50 ; www.culture-box.com ; Kronprinsessegade 54A ; 🕐Culture Box 18h-1h jeu-sam, Red Box 23h-tard ven-sam, Black Box minuit-tard ven-sam ; 🚌26)

Bankeråt

BAR

9 Plan p. 92, A4

Une adresse douillette et décontractée, décorée avec des animaux empaillés aux tenues extravagantes... Tout cela est dû à l'artiste local Filip V Jensen. Est-ce de l'art ? Vous pourrez en débattre (de ça ou des urinoirs en forme de bouches) autour d'une bière artisanale locale. Cerise sur le gâteau, une partie des bénéfices du bar est reversée à une œuvre caritative pour les enfants. (☎33 93 69 88 ; www.bankeraat.dk ; Ahlefeldtsgade 27 ; 🕐9h30-23h lun et mar, 9h30-minuit mer-ven, 10h30-minuit sam, 10h30-20h dim ; 📶 ; 🚌37, 5C, 350S, Ⓜ Nørrebro, Ⓢ Nørrebro)

Shopping

Stine Goya

MODE ET ACCESSOIRES

10 Plan p. 92, D4

Stine Goya est l'un des plus grands noms de la mode féminine au Danemark. Sa capacité incroyable à allier la simplicité nordique à des détails fantaisie rend ses collections uniques. Récemment, on a ainsi pu voir des robes soyeuses *oversize* décorées de visages humains, des combis à imprimés nids-d'abeilles et des bombers jaune canari avec des imprimés d'œuvres d'art locales. Des articles qui, certes, sont loin d'être donnés, mais dont on ne peut nier l'originalité. (☎32 17 10 00 ; www.stinegoya.com ; Gothersgade 58 ; 🕐11h-18h lun-ven, 11h-16h sam ; 🚌350S, Ⓜ Kongens Nytorv)

Explorer

Nørrebro

Mélange d'immeubles du XIXe siècle, de *street art* et de multiculturalisme, Nørrebro bouleverse les stéréotypes scandinaves. Certes, on y trouve le beau cimetière d'Assistens Kirkegård (où repose Hans Christian Andersen), mais c'est surtout un quartier animé, réputé pour ses boutiques et galeries indépendantes, ses bières artisanales et l'animation trépidante de ses rues.

L'essentiel en un jour

Mettez-vous dans l'ambiance de Nørrebro au café/boulangerie artisanale **Mirabelle** (p. 100), puis explorez les boutiques de mode et les antiquaires de Guldbergsgade, Elmegade and Ravnsborggade. Le samedi, partez en quête de trésors au **Nørrebro Loppemarked** (p. 105), le marché aux puces voisin.

Faites un tour à l'**Assistens Kirkegård** (p. 99), où reposent l'écrivain Hans Christian Andersen, ainsi que Christoffer Wilhelm Eckersberg et Christen Købke, deux artistes de l'âge d'or du Danemark. Ce cimetière fait partie des espaces verts les plus agréables de la ville. L'été, beaucoup viennent y prendre le soleil. Au déjeuner, optez pour la cuisine régionale du **Manfreds og Vin** (p. 102), puis découvrez les studios d'artisans et les boutiques de mode de Jægersborggade, avec une halte pour goûter les extraordinaires bières artisanales locales de **Mikkeller & Friends** (p. 102).

Le soir, cap sur le **Kassen** (p. 104), pour profiter de ses cocktails à l'*happy hour*, avant de dîner à l'**Oysters & Grill** (p. 99) – réservez. Vous pourrez ensuite rejoindre Ravnsborggade et ses nombreux bars animés, comme le **Kind of Blue** (p. 104).

Le meilleur du quartier

Se restaurer

Oysters & Grill (p. 99)

Prendre un verre

Brus (p. 102)

Mikkeller & Friends (p. 102)

Sortir

Rust (p. 103)

Comment y aller

Bus Les lignes 5C et 350S passent par Nørrebrogade, l'artère principale du quartier.

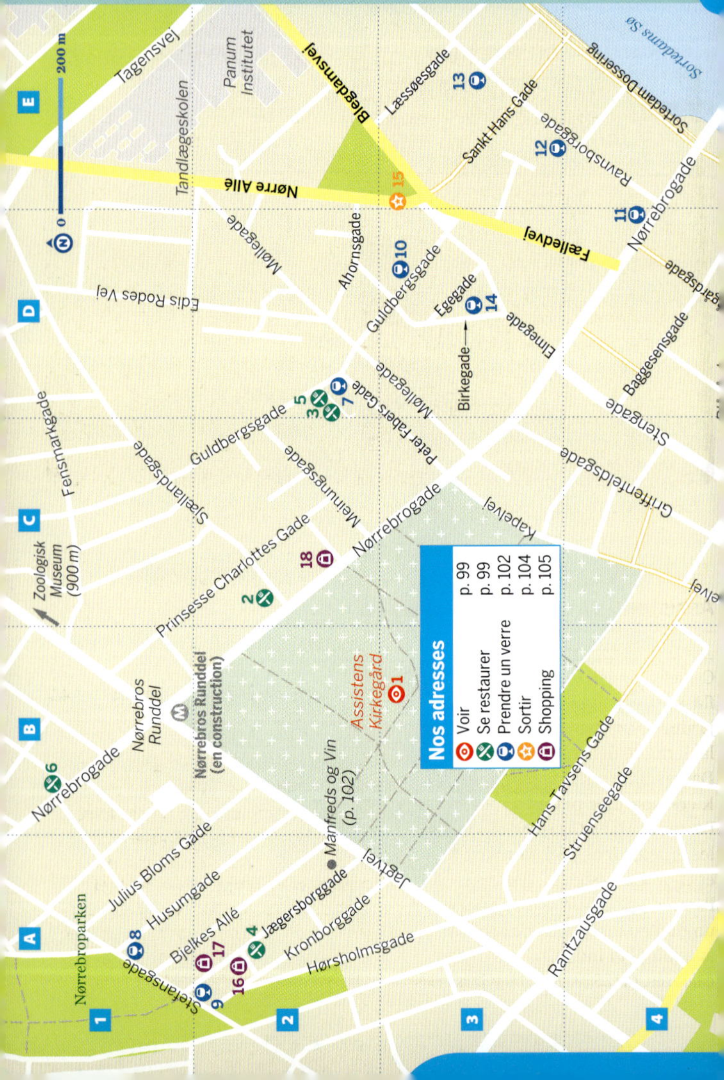

Nos adresses

Voir	p. 99
Se restaurer	p. 99
Prendre un verre	p. 102
Sortir	p. 104
Shopping	p. 105

Assistens Kirkegård 1

Manfreds og Vin (p. 102)

Zoologisk Museum (900 m)

Nørrebros Runddel

Nørrebros Runddel (en construction)

Panum Institutet

Tandlægeskolen

Nørrebroparken

Sortedams Sø

Nørrebrogade
Tagensvej
Nørre Allé
Blegdamsvej
Fælledvej
Læssøesgade
Sankt Hans Gade
Ravnsborggade
Sortedam Dossering
Guldbergsgade
Ahornsgade
Møllegade
Edis Rodes Vej
Fensmarkgade
Sjællandsgade
Prinsesse Charlottes Gade
Meinungsgade
Peter Fabers Gade
Egegade
Birkegade
Elmegade
Baggesensgade
Stengade
Griffenfeldsgade
Kapelvej
Hans Tavsens Gade
Struenseegade
Rantzausgade
Jagtvej
Julius Bloms Gade
Husumgade
Bjelkes Allé
Jægersborggade
Kronborggade
Hørsholmsgade
Stefansgade

200 m

Tombe de Hans Christian Andersen, Assistens Kirkegård

Voir

Assistens Kirkegård CIMETIÈRE

1 Plan p. 98, B3

Ce beau cimetière où il fait bon flâner (c'est autant un parc ou un jardin qu'un lieu de sépulture) est la dernière demeure de plusieurs Danois illustres : le philosophe Søren Kierkegaard, le physicien Niels Bohr, l'écrivain Hans Christian Andersen, les artistes Jens Juel, Christen Købke et C. W. Eckersberg… Partez de l'entrée principale, dans Kapelvej, où un bureau distribue une brochure avec un plan indiquant les tombes célèbres. (☎35 37 19 17 ; http://assistens.dk ; Kapelvej 4, Nørrebro ; ⌚7h-22h avr-sept, jusqu'à 19h oct-mars ; 🚌5C, 8A)

Se restaurer

Oysters & Grill FRUITS DE MER **€€**

2 Plan p. 98, C2

De succulents plats de viande et de poisson, dans un restaurant amusant et sans prétention, aux toiles cirées kitsch. Les amateurs de produits de la mer ne manqueront pas les huîtres et les coques avec un filet d'huile persillée. Ceux qui préfèrent la viande ne seront pas en reste, avec des pièces incroyablement tendres et savoureuses. (☎70 20 61 71 ; www.

Bon plan

Cela peut sembler un peu macabre, mais le cimetière historique d'Assistens Kirkegård devient un lieu de pique-nique et de bronzette lorsque arrivent les mois les plus chauds. Plein de recoins paisibles et verdoyants, il faut dire que c'est un endroit très agréable pour flâner l'après-midi avec un bon livre. Ou contempler la beauté de la vie (avec un morceau de fromage).

cofoco.dk/da/restauranter/oysters-and-grill ; Sjællandsgade 1B ; plats 165-245 DKK ; 17h30-minuit ; 5C)

Bæst

ITALIEN **$$**

3 Plan p. 98, D2

Propriété du célèbre chef italo-scandinave Christian Puglisi, Bæst n'a rien perdu de son aura depuis son lancement en 2014. Ici, les charcuteries, les fromages et les bonnes pizzas au feu de bois remportent tous les suffrages. Une grande partie des ingrédients employés sont bio et aussi bien les charcuteries que la mozzarella faite à la main sont fabriquées sur place, à l'étage (la mozzarella est notamment produite à partir du lait des vaches de la propre ferme du restaurant). Afin de mieux apprécier la richesse de son répertoire, n'hésitez pas à prendre le menu partagé (petit/grand 375/450 DKK). (35 35 04 63 ; www.baest.dk ; Guldbergsgade 29 ; pizzas 85-150 DKK ; 17h-22h30 ; ; 3A, 5C)

Relæ

NOUVELLE CUISINE NORDIQUE **$$$**

4 Plan p. 98, A2

Fondé par le prolifique chef Christian Puglisi, Relæ fut l'un des premiers restaurants de la ville à proposer de la nouvelle cuisine nordique, sans le faste habituel. Une étoile Michelin plus tard, cela reste un établissement simple, dans lequel les clients ont tous leur propre table, se versent eux-mêmes leur vin et se régalent de plats magnifiques qui mettent l'accent sur la saisonnalité, la simplicité et la qualité des produits (bio pour la plupart). Réservation obligatoire. (36 96 66 09 ; www.restaurant-relae.dk ; Jægersborggade 41 ; menu 4-/7-plats 475/895 DKK ; 17h-22h mar-sam, aussi 12h-13h30 ven et sam ; 8A, 5C)

Mirabelle

CAFÉ **$**

5 Plan p. 98, D2

Décoré d'un audacieux carrelage géométrique, le café-boulangerie artisanale Mirabelle appartient également au chef étoilé Christian Puglisi. C'est une adresse élégante et contemporaine où déguster au petit-déjeuner de délicieuses pâtisseries et des plats simples (comme les œufs Bénédicte). Pour le déjeuner et le dîner, la petite carte de plats du centre de l'Italie offre charcuteries maison, fromages et pâtes bio. Le bon café ne gâche rien. (35 35 47 24 ; http://mirabelle-bakery.dk ; Guldbergsgade 29 ; pâtisseries à partir de 28 DKK, sandwichs 65 DKK, plats déj et dîner 115-175 DKK ; 7h-22h ; ; 3A, 5C)

Comprendre

Une capitale écologique

Alors que certains gouvernements occidentaux continuent de débattre de la véracité du réchauffement climatique, le Danemark, lui, s'est vraiment lancé dans l'innovation écologique et le durable. Copenhague pourrait bien devenir la toute première capitale du monde à avoir un bilan carbone neutre d'ici à 2025.

Mobilité verte

La mise en place du plan pour le climat CPH 2025 (mesures relatives à la consommation d'énergie, la production d'énergie, la mobilité verte et les initiatives dans la gestion de la ville) est visible dans toute la ville. Deux nouvelles lignes de métro verront le jour en 2019. Movia, l'agence de transports publics de Copenhague, prévoit que son ouverture poussera jusqu'à 34 millions de passagers chaque année à abandonner le bus pour le métro. En parallèle, des centaines de bus de ville ont été équipés de filtres à air spéciaux qui réduisent la pollution de 95 %.

La capitale danoise compte plus de 400 km de pistes cyclables. Les feux de circulation sont programmés pour permettre aux cyclistes de circuler plus facilement aux heures de pointe. Moins de 30 % des foyers locaux possèdent une voiture et, pour la première fois, en 2016, le nombre de vélos a dépassé celui des voitures dans le centre-ville.

Place au propre

Considérée à l'heure actuelle comme la plus propre au monde, la nouvelle usine d'incinération avec récupération d'énergie d'Amager Bakke comprend une cheminée qui crache des ronds de fumée (composés de vapeur d'eau inoffensive) à chaque fois que 250 kg de dioxyde de carbone sont rejetés dans l'atmosphère, rappelant ainsi aux habitants l'importance de réduire les émissions de carbone.

L'agence locale d'énergie, HOFOR, utilise un système de refroidissement innovant qui fait appel à l'eau de mer pour proposer des systèmes de climatisation aux entreprises de Copenhague. Le dispositif permet d'économiser 70 % d'énergie par rapport aux systèmes de climatisation traditionnels. Le port de Copenhague lui-même est une *success story* environnementale : ses eaux jadis très polluées sont désormais assez propres pour que l'on puisse s'y baigner.

100% copenhaguois

Manfreds og Vin

Archétype du bistrot local, le **Manfreds og Vin** (plan p. 98, A2 ; 36 96 65 93 ; www.manfreds.dk ; Jægersborggade 4 ; petites assiettes 75-95 DKK, menu dégustation 7 plats 285 DKK ; 12h-15h30 et 17h-22h ; ; 8A) est un établissement convivial où les employés sont passionnés, et où la carte privilégie les produits bio (qui proviennent en grande partie de la ferme du restaurant), cuisinés avec simplicité. Vous vous régalerez donc de plats délicats et joliment texturés, comme l'oignon de printemps grillé servi avec une purée de pistaches, de la panure et un jaune d'œuf salé. Si vous avez faim et que vous êtes curieux, n'hésitez pas à tester le menu à sept plats, qui est d'un très bon rapport qualité/prix.

Møller

PETIT-DÉJEUNER $

6 Plan p. 98, B1

Une adresse cosy et rustique qui met l'accent sur la qualité des ingrédients locaux. Œufs, viandes, fromages, pains etc. sont proposés individuellement de manière à ce que vous puissiez composer votre propre petit-déjeuner en fonction de vos goûts. Le pain au levain maison, les nuggets mayonnaise et l'avocat aux amandes, piment et crème fraîche sont vraiment délicieux. (31 50 51 00 ; Nørrebrogade 160 ; plats petit-déj 18-46 DKK ; 9h-16h ; ; 5C)

Prendre un verre

Brus

MICROBRASSERIE

7 Plan p. 98, D2

Cette ancienne usine de locomotives est aujourd'hui devenue un énorme brewpub on ne peut plus tendance. Renommée chez les amateurs de bière du monde entier, la microbrasserie To Øl est à l'origine de cette renaissance et le bar propose une sélection de plus de 30 bières To Øl à la pression, avec aussi bien les classiques de la marque que des brassins spéciaux, ainsi que huit cocktails. Les barmen connaissent leur métier et vous permettront de goûter plusieurs bières avant de faire votre choix. (75 22 22 00 ; http://tapperietbrus.dk ; Guldbergsgade 29F ; 15h-minuit lun-jeu, 12h-3h ven et sam, 12h-minuit dim ; ; 5C)

Mikkeller & Friends

MICROBRASSERIE

8 Plan p. 98, A1

Très tendance avec son sol turquoise et ses bois clairs, Mikkeller & Friends est le fruit d'une collaboration entre les brasseries Mikkeller et To Øl. Les fans de bière ont le tournis face à la quarantaine de bières artisanales proposées à la pression, sans parler des 200 bières différentes proposées en bouteilles, allant de la porter au piment chipotle à l'imperial stout vieillie en fûts de téquila. Un nombre limité d'en-cas est également proposé, de type saucisse sèche, fromage… (35 83 10 20 ; www.mikkeller.dk/location/

Mikkeller & Friends

mikkeller-friends ; Stefansgade 35 ; 14h-minuit dim-mer, 14h-2h jeu et ven, 12h-2h sam ; ; 5C, 8A)

Coffee Collective

CAFÉ

9 Plan p. 98, A2

Avec ses breuvages riches et complexes, ce micro-torréfacteur sort du lot dans une ville qui ne se distingue pas par la qualité de son café. Dans l'ambiance créative de Jægersborggade, à Nørrebro, ses *baristas* sont de vrais passionnés. Deux autres enseignes : une au Torvehallerne KBH (p. 90) et l'autre à Frederiksberg. (60 15 15 25 ; https://www.coffeecollective.dk ; Jægersborggade 57, Nørrebro ; 7h-20h lun-ven, 8h-19h sam et dim ; 8A)(Godthåbsvej 34b, Frederiksberg ; 7h30-18h lun-ven, à partir de 9h sam, à partir de 10h dim)

Rust

CLUB

10 Plan p. 98, D3

Cette formidable enseigne attire une des clientèles les plus cool de Copenhague. Côté musique live, la programmation se concentre sur le rock indé, le hip-hop et l'électro alternative. À 23h, le lieu se tranforme en club qui accueille DJs locaux et internationaux pour transpirer sur du hip-hop, de la house ou de l'électro. (35 24 52 00 ; www.rust.dk ; Guldbergsgade 8, Nørrebro ; horaires variables, généralement 20h30-5h ven et sam ; 3A, 5C, 350S)

Kassen
BAR

11 Plan p. 98, D4

Le bruit et la moiteur de Kassen s'expliquent par ses tarifs ultra bon marché : cocktails à 80 DKK en happy hour. Avec 250 DKK, c'est carrément boissons à volonté le mercredi. Les autres jours, on profite de deux consommations pour le prix d'une. Le choix de cocktails est ordinaire (et un peu sucré), mais à ce prix... (42 57 22 00 ; http://kassen.dk ; Nørrebrogade 18B, Nørrebro ; 20h-tard mer, jeu et sam, à partir de 16h ven ; 5C)

Kind of Blue
BAR

12 Plan p. 98, E3

Ce bar tout en lustres, parfum capiteux et murs bleus doit son nom à un album de Miles Davis. Tard le soir, il attire une clientèle hipster, qui vient siroter des bières brunes au son de la playlist jazzy du propriétaire, Claus. (26 35 10 56 ; www.kindofblue.dk ; Ravnsborggade 17, Nørrebro ; 16h-minuit lun-mer, 16h-2h jeu-sam ; ; 5A, 350S)

Nørrebro Bryghus
BRASSERIE

13 Plan p. 98, E3

Cette brasserie aujourd'hui incontournable a été à l'origine de la vague des microbrasseries scandinaves il y a plus d'une décennie. Le restaurant propose un hamburger maison très correct au déjeuner, et des plats plus haut de gamme en soirée. Mais on vient ici avant tout pour les bières, parmi lesquelles la bière bio de la brasserie en pression, ainsi qu'un choix fantastique de bières en bouteilles, des blondes et ambrées plus ou moins classiques à "The Evil", une imperial porter mêlant son malt torréfié à des notes subtilement fumées. (35 30 05 30 ; www.noerrebrobryghus.dk ; Ryesgade 3, Nørrebro ; 12h-23h lun-jeu, 12h-1h ven et sam, 12h-22h dim ; 3A, 5C, 350S)

P2 by Malbeck
BAR À VINS

14 Plan p. 98, D3

Sympathique bar à vins décoré de plantes, de bois et de suspensions dorées, le P2 rassemble une clientèle plutôt mature autour d'un verre de vin. Les prix des vins au verre démarrent généralement à un très accessible 60 DKK et la carte inclut plusieurs vins du monde produits en biodynamie. Des tapas sont aussi proposées. (32 21 52 15 ; Birkegade 2, Nørrebrø ; 16h-minuit lun-jeu, 16h-1h ven et sam ; ; 3A, 5C, 350S)

Sortir

Alice
MUSIQUE LIVE

15 Plan p. 98, E3

Ouvert début 2018, Alice est le nouveau projet réunissant les forces des équipes du Global et du Jazzhouse. Au programme : 300 concerts par an, ambitieux et surprenants, balançant entre le roots et l'expérimental, le jazz et l'électro. (50 58 08 41 ; alicecph.com ; Nørre Allé 7 ; horaires variables, voir site internet ; 3A, 5C, 350S)

Comprendre

Vilhelm Dahlerup et le Dronning Louises Bro

Pour certains, aucun architecte n'a plus contribué à l'allure actuelle de Copenhague que Vilhelm Dahlerup (1836–1907). Son style est particulièrement mis en valeur à la Ny Carlsberg Glyptotek et au Det Kongelige Teater, deux œuvres exceptionnelles dans une longue liste de bâtiments qui incluent également l'Hôtel d'Angleterre, le Pantomime Theatre des jardins Tivoli, la brasserie Carlsberg et le Statens Museum for Kunst. L'influence française du style Empire est bien visible dans son **Dronning Louises Bro** (Plan p. 98, E4 ; 5C, M Nørreport, S Nørreport), pont reliant le centre de Copenhague à Nørrebro. Datant de 1887, il fut ainsi nommé en l'honneur de la reine Louise, femme de Christian IX. En soirée, le pont offre aujourd'hui une superbe vue sur les célèbres néons de Nørrebrø ; celui de la poule Irma qui pond son œuf ravit petits et grands depuis 1953.

Shopping

Vanishing Point

ARTISANAT

Plan p. 98, A2

Cette boutique d'artisanat contemporain présente des céramiques, des bijoux, des tricots faits main, ainsi que des impressions en édition limitée. La plupart des objets sont créés sur place, d'autres sont le résultat de collaborations avec des ONG du monde entier. (25 13 47 55 ; www.vanishing-point.dk ; Jægersborggade 45, Nørrebro ; 11h-17h30 lun-ven, 11h-18h sam, 11h-15h dim ; 8A)

Gågron!

ARTICLES MÉNAGERS

Plan p. 98, A2

Pour faire rimer design et conscience, Gågron! met l'accent sur les fibres naturelles et durables, les matériaux recyclés et surcyclés, transformés en produits simples et élégants, beaux plateaux en bois de cèdre ou tabliers en coton bio. (42 45 07 72 ; www.gagron.dk ; Jægersborggade 48, Nørrebro ; 11h-17h30 lun-ven, 10h-15h30 sam, 11h-15h dim ; 8A)

Nørrebro Loppemarked

MARCHÉ

Plan p. 98, C2

Installé le long du mur de l'Assistens Kirkegård, sur Nørrebrogade, c'est le plus long marché aux puces du Danemark (plus de 300 m). Mieux vaut arriver tôt pour dénicher une antiquité, un bijou, ou un vieux vinyle. Il a lieu tous les samedis, de début avril à la fin du mois d'octobre. (www.berling-samlerting.dk/32693948 ; Nørrebrogade, Nørrebro ; 8h-15h sam avr-oct ; 5C, 8A, 350S)

100% Copenhaguois
Østerbro

Comment y aller

Bus La ligne 1A relie le centre-ville à Trianglen, cœur d'Østerbro. De Vesterbro, Frederiksberg et Nørrebro, la ligne 3A dessert Trianglen.

Ses détracteurs considèrent parfois Østerbro comme fade et ennuyeux. Pourtant, ce quartier agréable réserve quelques belles surprises urbaines, dont un patrimoine architectural classé et un cinéma reconverti en temple du design scandinave. Le nom du quartier signifie "Porte Est" en référence à l'ancienne entrée orientale de la ville. Aujourd'hui, Østerbro est surtout connu pour les stars des médias qui y vivent, ses intellectuels et ses nombreuses ambassades étrangères.

❶ Sortedams Sø

Le lac de l'étang noir est le plus septentrional des trois lacs du centre de Copenhague. Apprécié des promeneurs et des joggeurs, il invite à s'asseoir et à méditer.

❷ Rosenvaenget

Délimité par Rosenvaengets Sideallé, Strandboulevarden, Holsteinsgade et Nordre Frihavnsgade, le plus ancien quartier périphérique de la ville date du milieu du XIXe siècle. On doit la conception de Rosenvaengets Allé 46 à l'architecte Vilhelm Dahlerup, créateur de la Ny Carlsberg Glyptotek.

❸ Pixie

Avec ses guirlandes lumineuses, le **Pixie** (39 30 03 05 ; www.cafepixie.dk ; Løgstørgade 2 ; plats 55-195 DKK ; 8h-minuit lun-jeu, jusqu'à 4h ven et sam, 9h-minuit dim ; ; 1A) semble tout droit sorti des rues de Buenos Aires. L'intérieur semble être un hymne au *hyggelig*, avec ses meubles dépareillés et ses bougies. S'il fait beau, optez pour une table sur la place arborée.

❹ Øbro-Hallen

S'inspirant des bains de l'Antiquité romaine, la superbe **Øbro-Hallen** (82 20 51 50 ; http://teambade.kk.dk/indhold/oebro-hallen ; Gunnar Nu Hansens Plads 3 ; adulte/enfant 40/20 DKK ; 7h-20h lun, mar et ven, à partir de 8h mer, à partir de 6h30 jeu, 9h-15h sam et dim ; ; 1A) est la toute première piscine couverte publique du Danemark (1929-1930) et l'une des plus belles. Elle est baignée par la lumière naturelle grâce à sa jolie verrière.

❺ Brumleby

Les célèbres écrivains danois Martin Andersen Nexø *(Pelle le conquérant)* et Peter Høeg *(Smilla et l'amour de la neige)* ont vécu à Brumleby, une enclave résidentielle classée composée de maisons mitoyennes jaune et blanc aux jardins coquets. Elle fut construite pour améliorer l'habitat des plus démunis après l'épidémie de choléra de 1853.

❻ Olufsvej

Cette rue multicolore est bordée de maisons ouvrières du XIXe siècle de multiples teintes. Aujourd'hui, un certain nombre de journalistes connus y résident.

❼ Meubles et décoration

Dans un ancien cinéma, l'immense magasin **Normann Copenhagen** (35 27 05 40 ; www.normann-copenhagen.com ; Østerbrogade 70 ; 10h-18h lun-ven, 10h-16h sam ; 1A, 14) regorge d'objets design incontournables : bols et verrerie, mobilier, luminaires, coussins.

❽ Trattoria de quartier

Autre reconversion, **Fischer** (35 42 39 64 ; www.hosfischer.dk ; Victor Borges Plads 12 ; plats déj 129-189 DKK, plats dîner 239 DKK ; 8h-minuit lun-ven, à partir de 10h sam et dim ; ; 3A) est un ancien bar ouvrier. On ne s'étonne pas que les spécialités italiennes y soient si bonnes, le chef propriétaire des lieux, David Fischer, a travaillé à Rome dans les cuisines de La Pergola, étoilée au Michelin.

Explorer

Vesterbro

Autrefois connu pour ses bouchers et ses prostituées, Vesterbro constitue à présent l'épicentre du Copenhague cool. Le haut lieu du quartier reste Kødbyen ("ville de la viande"), le quartier des abattoirs (encore en activité) embelli par des restaurants, bars, galeries et salles de concert bouillonnant d'activité. Des sex-shops côtoient des boutiques vintage et des épiceries ethniques dans Istedgade, tandis qu'au nord se déploie Værnedamsvej, à l'atmosphère parisienne.

L'essentiel en un jour

Vesterbro se visite pour son ambiance. Commencez par un petit-déjeuner ou un brunch au **Granola** (p. 110), l'un des cafés préférés en ville. Il se situe dans Værnedamsvej ; profitez-en pour faire les boutiques de la rue ensuite. Plus à l'ouest, la toute proche Vesterbrogade abrite le **Designer Zoo** (p. 119), une référence dans le domaine du design.

Quand la faim se fait sentir, plongez dans la galerie couverte du **WestMarket** (p. 115), haut lieu de la restauration rapide aux saveurs éclectiques, des spécialités danoises aux tacos en passant par les plats thaïs. Continuez vers le sud jusqu'à Istedgade, où vous pourrez aisément passer le reste de l'après-midi à chiner des vêtements originaux et des bibelots ou simplement à vous détendre dans un café avec vue.

Poursuivez vers le sympathique quartier post-industriel de Kødbyen pour l'apéritif et le dîner. Parmi les restaurants de choix figurent **Paté Paté** (p. 114) et **Kødbyens Fiskebar** (p. 115). Si vous souhaitez sortir, direction **Mesteren & Lærlingen** (p. 118). Autrement, allez déguster des bières artisanales au cultissime **Mikkeller Bar** (p. 117) ou siroter des cocktails au **Lidkoeb** (p. 117), bar spécialisé niché au fond d'une cour.

Pour découvrir le Vesterbro des habitants, rendez-vous p. 110.

100% Copenhaguois

Værnedamsvej (p. 110)

Le meilleur du quartier

Se restaurer

WestMarket (p. 115)

Kødbyens Fiskebar (p. 115)

Hija de Sanchez (p. 116)

Prendre un verre

Lidkoeb (p. 117)

Shopping

Designer Zoo (p. 119)

Comment y aller

Bus Les lignes 6A et 26 longent Vesterbrogade jusqu'à Frederiksberg Have. La ligne 9A parcourt Gammel Kongevej, reliant Vesterbro à Slotsholmen et Christianshavn.

Train Kødbyen est situé à 500 m de la gare centrale.

100% Copenhaguois
Esprit frenchie à Værnedamsvej

Les habitants de Copenhague ont un faible pour Værnedamsvej, une petite artère animée qu'ils comparent volontiers à une rue parisienne. Bordée de fromageries, de cavistes, de cafés, de bistrots et de petites échoppes, c'est l'une des rues les plus charmantes de Vesterbro. Certains commerces ferment le week-end ; préférez la semaine pour en profiter pleinement.

❶ Granola

Granola (☎40 82 41 20 ; www.granola.dk ; déj 80-165 DKK, plats dîner 145-220 DKK ; ⏲7h-minuit lun-ven, 9h-minuit sam, 9h-16h dim ; 🚌9A, 26, 31, 71) est un incontournable du petit-déjeuner et du brunch de fin de semaine à Copenhague. Dans un charmant décor rappelant une épicerie rétro, on déguste une cuisine classique et réconfortante à base d'ingrédients de qualité, que ce soit le matin avec le porridge, les croque-monsieur et les pancakes, ou le midi et le soir avec des plats de bistrot comme le steak-frites. Si vous venez le week-end, mieux vaut arriver tôt.

❷ Caviste à l'ancienne

Juuls Vin og Spiritus (☎33 31 13 29 ; www.juuls.dk ; ⏰9h-17h30 lun-jeu, 9h-19h ven, 9h-17h sam ; 🚌6A, 9A, 31) dispose d'une bonne cave, dont un choix impressionnant de whiskys. Parmi les bonnes spécialités locales, citons le Brøndum Kummenaquavit, fruité et épicé ainsi que des *snaps* bio de Ven, petite île suédoise du détroit du Sund.

❸ Bar à vins

Le parquet et les chaises usés, les étagères garnies de bouteilles et la musique apaisante confèrent au **Falernum** (plan p. 112, D1 ; ☎33 22 30 89 ; www.falernum.dk ; ⏰12h-minuit dim-jeu, 12h-2h ven-sam ; 📶 ; 🚌6A, 9A, 31) du cachet. Il propose une quarantaine de vins au verre, des bières de qualité, du café, et une carte simple et de saison de plats à partager comme l'osso buco aux artichauts et oignons au four ou des planches de fromage et de charcuterie.

❹ Samsøe & Samsøe

Originaire du quartier latin et désormais installée à Nørrebro, **Samsøe & Samsøe** (☎35 28 51 02 ; www.samsoe.com ; ⏰10h-18h lun-jeu, 10h-19h ven, 10h-17h sam, 11h-16h dim ; 🚌6A, 9A, 31) est une marque jeune pour hommes et femmes, qui ose les motifs et les détails uniques. La gamme comprend des sweats, T-shirts et jeans ultraconfortables, ainsi que des jupes, vestes et robes au style plus pointu.

❺ Boutique design

Carnets Christian Lacroix, housses d'ordinateurs portables molletonnées, planche à fromage en pierre de lave peinte à la main, **Dora** (☎32 21 33 57 ; www.shopdora.dk ; ⏰10h-18h lun-ven, 10h-16h sam, 12h-16h dim ; 🚌6A, 9A, 31) cultive la singularité en proposant des objets rares. Prêtez attention aux articles sympas de marques danoises comme Hay et LuckyBoySunday.

❻ En toutes lettres

Les amateurs de typo craqueront pour **Playtype** (☎60 40 69 14 ; www.playtype.com ; ⏰12h-18h lun-ven, 11h-15h sam ; 🚌6A, 9A, 26), une imprimerie typographique en ligne qui a pignon sur rue. Elle a pour thématique les polices d'inspiration danoise, déclinées en lettres, chiffres et symboles aussi bien sur des affiches, des carnets, des cartes postales que des sweats, des housses d'ordinateurs et des tasses.

❼ Articles d'occasion

En quittant Værnedamsvej pour Vesterbrogade, **Prag** (☎33 79 00 50 ; www.pragcopenhagen.com ; ⏰10h-18h lun-ven, 10h-17h sam, 12h-17h dim ; 🚌3A, 6A) est l'une des friperies les plus intéressantes de Copenhague. Elle recèle un trésor éclectique de vêtements et d'accessoires pour hommes et femmes. Besoin d'une robe à frou-frou ou d'un tutu ? D'un nœud papillon à pois ou d'un kimono ancien ? Vous avez une chance de trouver votre bonheur.

A
B
C
D
1
2
3
4
5
0
200 m
Nos adresses
Voir p. 114
Se restaurer p. 114
Prendre un verre p. 117
Sortir p. 119
Shopping p. 119
Gammel Kongevej
Frederiksberg Allé
Sankt Thomas Plads
Frederiksberg Allé
Værnedamsvej
Kingosgade
FREDERIKSBERG
Vesterbrogade
Vesterbrogade
Hennik Ibsens Vej
Platanvej
4
Valdemarsgade
Oehlenschlægersgade
Sundevedsgade
19
9
Amerikavej
Tøndergade
Hedebygade
Enghavevej
Matthæusgade
Frederiksstadsgade
Carstensgade
Vesterfælledvej
Haderslevgade
Rejsbygade
Lyrskovgade
18
20
Istedgade
Valdemarsgade
Oehlenschlægersgade
Enghave Plads (en construction)
Enghave Plads
Enghaveparken
Ny Carlsberg Vej
Haderslevgade
Flensborggade
Vesterfælledvej
Slesvigsgade
Enghavevej
Alsgade
Angelgade
Dyrehaven (p. 118)
Sonder Blvd

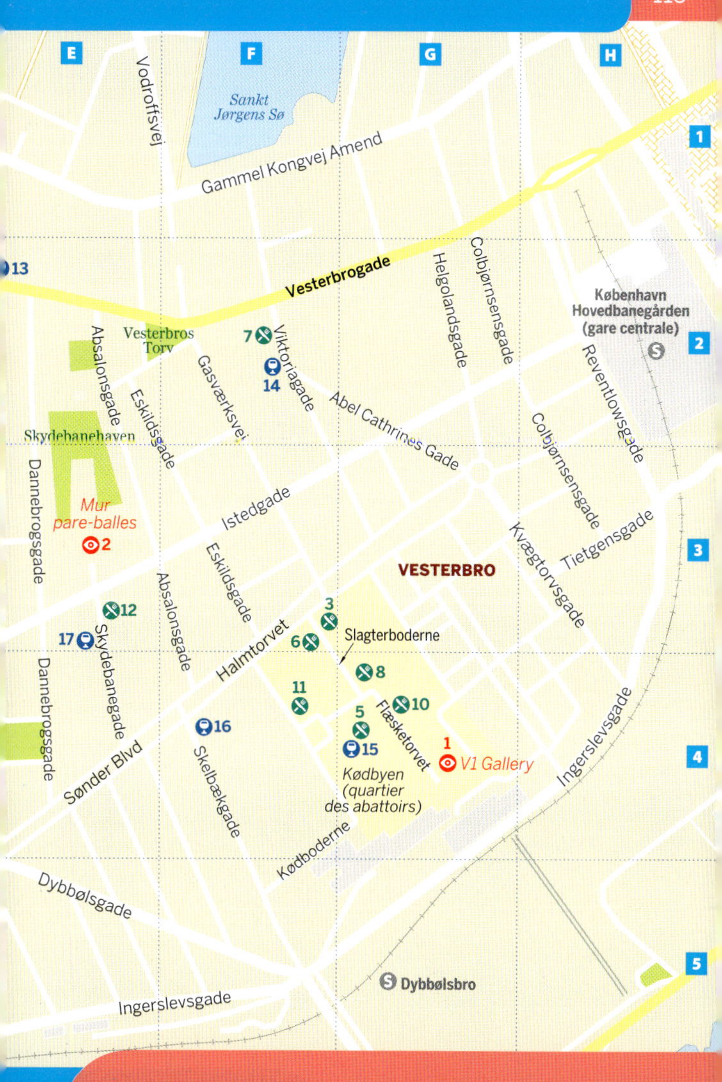
E
F
G
H
1
2
3
4
5
Sankt Jørgens Sø
Vodroffsvej
Gammel Kongvej Amend
13
Vesterbrogade
Helgolandsgade
Colbjørnsensgade
København Hovedbanegården (gare centrale)
Vesterbros Torv
7
14
Viktoriagade
Absalonsgade
Eskildsgade
Gasværksvej
Abel Cathrines Gade
Reventlowsgade
Skydebanehaven
Colbjørnsensgade
Dannebrogsgade
Mur pare-balles
2
Istedgade
Tietgensgade
Kvægtorvsgade
VESTERBRO
Eskildsgade
Absalonsgade
12
17
Skydebanegade
3
6
Slagterboderne
Halmtorvet
8
11
10
5
Flæsketorvet
Dannebrogsgade
16
15
1
V1 Gallery
Ingerslevsgade
Sønder Blvd
Skelbækgade
Kødbyen (quartier des abattoirs)
Kødboderne
Dybbølsgade
Dybbølsbro
Ingerslevsgade

Voir

V1 Gallery

GALERIE

Située dans Kødbyen (le quartier des abattoirs), V1 est l'une des galeries d'art les plus avant-gardistes de Copenhague. Elle présente des œuvres récentes d'artistes locaux ou étrangers. Certains des plus grands noms du *street art* et du graffiti ont exposé ici, de Banksy à Todd James et Lydia Fong (alias Barry McGee). (33 31 03 21 ; www.v1gallery.com ; Flæsketorvet 69-71 ; gratuit ; 12h-18h mer-ven, 12h-16h sam si expos ; 1A, 10, 14, S Dybbølsbro)

Mur pare-balles

SITE HISTORIQUE

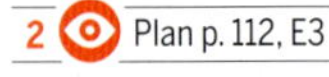

Au fond d'une impasse donnant sur Istedgade, cet imposant mur en brique rouge est percé d'une porte qui s'ouvre sur le ravissant Skydebanehaven (jardin du stand de tir). Malgré son allure médiévale, il ne date que de 1887. À l'époque, le site accueillait les séances d'entraînement de la Société royale de tir de Copenhague et le mur fut construit pour protéger les riverains des balles perdues. La cible du club était en forme de perroquet, ce qui a donné naissance à l'expression danoise "avoir touché le perroquet", qui signifie avoir de la chance. Aujourd'hui, le toboggan du parc représente cet oiseau en guise de clin d'œil. (Istedgade 68-80 ; ; 10, 14, S København H)

Bon plan

Street art

Vesterbro et Frederiksberg renferment des œuvres de *street art* monumentales. À Vesterbro, mention spéciale au tableau historique de l'Irlandais Conor Harrington sur Tullingsgade 21, aux motifs géométriques peints par la New-Yorkaise Maya Hayuk sur Saxogade 7, aux créatures à poil du Belge ROA sur Gasværksvej 34 et à l'aigle géant du Chinois DALeast sur Oehlenschlægersgade 76.

Se restaurer

Paté Paté

INTERNATIONAL **$$**

Cette fabrique de pâté convertie en restaurant/bar à vins actualise les classiques européens. La carte (qui change régulièrement) comporte des plats à partager, ainsi que des assiettes individuelles comme le tartare de veau à la harissa, aux échalotes marinées à la moutarde et au dukkah (mélange de graines et d'épices) – le tout servi dans un cadre animé, branché mais très convivial. Ajoutez à cela un personnel averti, une carte des vins éclectique et des tabourets au bar pour dîner en solo. (39 69 55 57 ; www.patepate.dk ; Slagterboderne 1 ; petites assiettes 95-150 DKK, menu dégustation 7/9 plats 325/385 DKK ; 9h-22h lun-jeu, 9h-23h ven, 11h-23h sam ; ; 10, 14)

L'ancien quartier des abattoirs

WestMarket

MARCHÉ $

4 Plan p. 112, C2

L'ancienne galerie commerciale malfamée a laissé place à un temple de la restauration rapide, où l'on trouve des spécialités du monde entier : *rāmen*, *bao* et sandwichs au homard côtoient risottos, pizzas et tapas. Si vous souhaitez découvrir la gastronomie scandinave, direction **Kød & Bajer** (30 54 60 88 ; www.koedogbajer.dk ; Vesterbrogade 97, emplacement C12t ; 11h-21h ; 6A) pour déguster de la bière artisanale nordique accompagnée de viande d'ours séchée et de saucisson d'élan, puis installez-vous chez **Gros** (60 45 11 02 ; www.groshverdagskost.dk ; Vesterbrogade 97, emplacement C6 ; plats 98 DKK ; 11h-21h ; ; 6A) pour savourer des classiques de la cuisine danoise. (70 50 00 05 ; www.westmarket.dk ; Vesterbrogade 97, Vesterbro ; plats à partir de 50 DKK ; boulangeries et cafés 8h-19h, restaurants 10h-22h ; ; 6A)

Kødbyens Fiskebar

FRUITS DE MER $$$

5 Plan p. 112, G4

Sol en béton, carreaux industriels et aquarium de 1 000 litres servent de cadre à une cuisine iodée irréprochable dans ce restaurant incontournable du quartier branché de Kødbyen. Commandez 3-4 entrées plutôt qu'un plat principal : les huîtres sont divines, tout comme le homard garni de meringue à la bière et les délicats couteaux, servis sur une feuille de riz croquante. (32 15 56 56 ; www.fiskebaren.dk ; Flæsketorvet 100 ; plats 195-275 DKK ; 17h30-minuit lun-jeu, 11h30-2h ven-sam, 11h30-minuit dim ; ; 10, 14, S Dybbølsbro)

Hija de Sanchez

MEXICAIN **$**

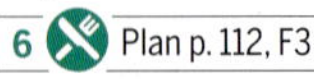

6 Plan p. 112, F3

Vous trouverez ici d'authentiques tacos à base de produits frais. Trois nouvelles variétés sont proposées chaque jour, des traditionnelles *carnitas* et *al pastor* à la plus créative "El Paul" – peau de poisson croustillante et salsa aux groseilles. Une option végétarienne est toujours au menu, de même que des boissons mexicaines maison comme le *tepache* (jus d'ananas fermenté). Originaire de Chicago, la patronne et chef Rosio Sánchez œuvrait précédemment dans les cuisines du célèbre restaurant Noma. (31 18 52 03 ; www.hijadesanchez.dk ; Slagterboderne 8 ; 3 tacos 100 DKK ; 11h-20h lun-jeu, 11h-22h ven-sam, 11h-18h dim ; 1A, 10, 14, S Dybbølsbro)

Øl & Brød

DANOIS **$$**

7 Plan p. 112, F2

Du mobilier danois contemporain et un dégradé de gris et de verts constituent la toile de fond idéale pour déguster un *smørrebrød* haut de gamme. Levez votre bière (artisanale) à des superbes associations : maquereau fumé avec œufs brouillés et ciboulette, hareng saur à l'aneth avec pommes de terre et moutarde... Le menu du soir est composé de spécialités danoises comme le flet poêlé au beurre avec sauce au persil et pommes de terre. (33 31 44 22 ; www.ologbrod.dk ; Viktoriagade 6 ; *smørrebrød* 85-165 DKK, plats dîner 150-250 DKK ; 12h-17h mar-mer, 12h-22h jeu et dim, 12h-23h ven-sam avr-déc, horaires réduits jan-mars ; ; 6A, 9A, 10, 14, 26, S København H)

Nose2Tail

DANOIS **$$$**

8 Plan p. 112, G4

S'inspirant des bars danois d'autrefois, entre la flamme vacillante des bougies, la vaisselle rétro et de vieilles photos de travers, ce restaurant aménagé dans une usine en sous-sol fait honneur à l'adage "dans le cochon tout est bon" en concoctant des plats honnêtes entièrement faits maison, avec une carte restreinte, de saison et éthique (la viande provient de fermes soucieuses du bien-être animal) à base de produits principalement locaux et/ou bio. (33 93 50 45 ; www.nose2tail.dk ; Flæsketorvet 13 ; plats 250-375 DKK, menu dégustation 4 plats 450 DKK ; 18h-1h lun-sam ; ; 10, 14)

Pony

DANOIS CONTEMPORAIN **$$**

9 Plan p. 112, A3

Si votre portefeuille ne vous permet pas de dîner au restaurant étoilé Kadeau, optez pour sa déclinaison bistrot, le Pony. Sa nouvelle cuisine nordique y est certes plus simple, mais non moins subtile et de saison avec par exemple le canard, betterave, baies et coriandre. Les vins sont bio et proviennent de petits producteurs, et l'ambiance conviviale et intimiste.

Pensez à réserver, surtout le vendredi et le samedi. (33 22 10 00 ; www.ponykbh.dk ; Vesterbrogade 135 ; menu

2/3/4 plats 325/425/485 DKK ; 17h30-22h mar-dim ; 6A)

WarPigs

BARBECUE $$

 Plan p. 112, G4

Bruyant et animé, le WarPigs rassasie les carnivores avec son barbecue à l'américaine capable de griller 2 tonnes de viande chaque jour ! Excellent choix de bières fabriquées sur place, l'établissement étant aussi un pub partiellement détenu par la microbrasserie locale **Mikkeller**. (43 48 48 48 ; www.warpigs.dk ; Flæsketorvet 25-37 ; 20-300 DKK ; 11h30-minuit lun-mer, 11h-2h jeu-sam, 11h-23h dim ; 10, 14)

Tommi's Burger Joint

HAMBURGERS $

11 Plan p. 112, F4

La chaîne islandaise branchée Tommi's Burger Joint possède une adresse en plein cœur de l'ancien quartier des abattoirs. La salle est petite et souvent bondée (à éviter aux heures d'affluence), et la carte comporte juste ce qu'il faut : trois burgers juteux, un trio de frites et des milkshakes glacés pour faire passer le tout. (33 31 34 34 ; www.burgerjoint.dk/kodbyen ; Høkerboderne 21-23, Vesterbro ; burgers 79-84 DKK ; 11h-21h dim-jeu, 11h-22h ven et sam ; 1A, 10, 14, S Dybbølsbro)

Siciliansk Is

GLACES $

 Plan p. 112, E3

Formés en Sicile, les propriétaires Michael et David produisent les meilleures glaces italiennes de Copenhague (voire du Danemark). Laissez-vous tenter par des variétés onctueuses aux arômes naturels comme la fraise, l'orange sanguine et la noix de coco. Pour un mariage délicieusement surprenant, associez le parfum *lakrids* (réglisse) à la mandarine de Sicile. *Buonissimo !* (30 22 30 89 ; www.sicilianskis.dk ; Skydebanegade 3, Vesterbro ; glaces à partir de 25 DKK ; 12h-21h mi-mai à août, 13h-18h avr à mi-mai et sept ; 10, 14)

Prendre un verre

Lidkoeb

BAR À COCKTAILS

C'est un jeu de piste : il faut suivre les panneaux Lidkoeb jusqu'à une deuxième cour éclairée pour dénicher ce bar-lounge où vous attendent des barmen passionnés et des boissons bien pensées. Glissez-vous dans un fauteuil Børge Mogensen et trinquez à l'ingéniosité danoise en grignotant des en-cas scandinaves accompagnés d'un cocktail de saison comme le Freja's Champagne (gin, gingembre, citron et marasquin). Petit plus : un bar à whisky à l'étage, ouvert vendredi et samedi soir uniquement. (33 11 20 10 ; www.lidkoeb.dk ; Vesterbrogade 72B, Vesterbro ; 16h-2h lun-sam, 20h-2h dim ; ; 6A, 26)

Mikkeller Bar

BAR

 Plan p. 112, F2

Lumières basses, sols vert mousse et une vingtaine de bières pression, le branché et cultissime Mikkeller porte haut les couleurs de la bière artisanale

100% copenhaguois

Dyrehaven

Ancien bar ouvrier miteux (les box imitation cuir en témoignent), le **Dyrehaven** (plan p. 112, D5 ; www.dyrehavenkbh.dk ; Sønder Blvd 72, Vesterbro ; petit-déj 30-140 DKK, déj 70-95 DKK, plats dîner 120-195 DKK ; 8h30-2h lun-ven, à partir de 9h sam et dim ; ; 1A, 10, 14) attire désormais la clientèle jeune et bobo de Vesterbro. Au menu : boissons bon marché, plats simples et savoureux et soirées DJ vendredi et samedi soir (sauf l'été).

avec une sélection tournante dont les propres créations appréciées de la maison et celles de microbrasseries du monde entier. Le choix s'étend de la bière brune fermentée dans des tonneaux de tequila à la blonde fruitée infusée au yuzu. Les bières bouteilles ne déméritent pas non plus. À accompagner de fromage et de snacks. (33 31 04 15 ; www.mikkeller.dk ; Viktoriagade 8B-C ; 13h-1h dim-mer, 13h-2h jeu-ven, 12h-2h sam ; ; 6A, 9A, 10, 14, 26, København H)

Mesteren & Lærlingen — BAR

15 Plan p. 112, G4

Dans une autre vie, Mesteren & Lærlingen se résumait à une bodega du quartier des abattoirs. Désormais, entre les murs carrelés de ce bar branché se presse une sympathique foule de hipsters en jean slim et casquettes de camionneurs. Un verre à la main (la carte comprend notamment un bon choix de mezcals), on y écoute les sons soul, reggae, hip-hop et dance hall des DJ. Wi-Fi disponible si vous demandez poliment. (www.facebook.com/Mesteren-Lærlingen-215687798449433 ; Flæsketorvet 86 ; 20h-3h mer-jeu, 20h-3h30 ven-sam ;)

Fermentoren — BIÈRES ARTISANALES

16  Plan p. 112, F4

Les vrais amateurs de bière plébiscitent ce bar chaleureux, installé en sous-sol et éclairé à la bougie. Il propose en permanence 24 bières artisanales à la pression qui changent régulièrement. Parmi les productions locales, citons Evil Twin, Ghost et Gamma, ainsi que la blonde légère de la brasserie maison. Les serveurs s'y connaissent et vous conseilleront avec expertise, sans vous prendre de haut. (23 90 86 77 ; www.fermentoren.com ; Halmtorvet 29C ; 15h-minuit lun-mer, 14h-1h jeu-ven, 14h-2h sam, 14h-minuit dim ; ; 1A, 10, 14, S Dybbølsbro)

Sort Kaffe & Vinyl — CAFÉ

17 Plan p. 112, E3

Ce tout petit café-disquaire est une deuxième maison pour les connaisseurs de café à Vesterbro. Joignez-vous à eux pour boire un espresso onctueux, dénicher ce vinyle en édition limitée de la Blaxploitation ou observer les habitués depuis la terrasse convoitée. (61 70 33 49 ; Skydebanegade 4 ; 8h-21h lun-ven, à partir de 9h sam et dim juil et août, 8h-19h lun-ven, 9h-19h sam, 9h-18h dim le reste de l'année ; 10, 14)

Sortir

Vega Live

MUSIQUE LIVE

18 Plan p. 112, B4

Le père de tous les établissements nocturnes de Copenhague accueille tous les genres, des grands noms du rock, de la musique pop et du jazz à des groupes prometteurs indépendants, de hip-hop et d'électro. Les concerts (horaires variables, voir site Internet) ont lieu sur la scène principale (Store Vega), la petite scène (Lille Vega) ou à l'Ideal Bar au rez-de-chaussée. (33 25 70 11 ; www.vega.dk ; Enghavevej 40 ; ; 3A, 10, 14, S Dybbølsbro)

Shopping

Designer Zoo

DESIGN

19 Plan p. 112, A3

De passage (vivement conseillé) à Vesterbro, ne manquez pas cet excellent lieu dédié au design. À la fois magasin, galerie et atelier (les vendeurs sont des créateurs et des artisans), il met à l'honneur les talents danois indépendants. Sur deux niveaux, vous trouverez des objets en série limitée aussi variés que des bijoux, des meubles et tissus d'ameublement, des céramiques ou des articles en verre. (33 24 94 93 ; www.dzoo.dk ; Vesterbrogade 137 ; 10h-18h lun-ven, 10h-15h sam ; 6A)

100% copenhaguois

Cykelslangen

Deux des principales passions des Danois – le design et le vélo – se rencontrent de manière spectaculaire à **Cykelslangen** (Serpent pour vélos). Conçue par le cabinet d'architectes Dissing + Weitling, cette piste cyclable surélevée évoque un ruban long de 235 mètres dont la forme sinueuse contraste avec l'architecture rectiligne des environs. Serpentant de Bryggebro au centre commercial Fisketorvet, à l'ouest, elle permet de faire une belle balade urbaine à vélo. Vous pouvez prendre le bus n°34 jusqu'au Fisketorvet, mais le meilleur moyen reste encore de s'y rendre à vélo, puisque Cykelslangen n'est accessible qu'aux cyclistes.

Kyoto

MODE ET ACCESSOIRES

20 Plan p. 112, D4

Cette enseigne mixte attire les chasseurs de tendances avec sa sélection inspirée, composée surtout de marques scandinaves : articles en maille robuste S.N.S. Herning, chemises Wrenchmonkees, T-shirts Norse Project, jeans Acne Studios, robes Libertine Libertine et Rodebjer... Côté international figurent les Français A.P.C. et Kitsuné. On y trouve également des accessoires (baskets stylées, parfums etc.) (33 31 66 36 ; www.kyoto.dk ; Istedgade 95 ; 10h-18h lun-jeu, 10h-19h ven, 10h-17h sam ; 10, 14)

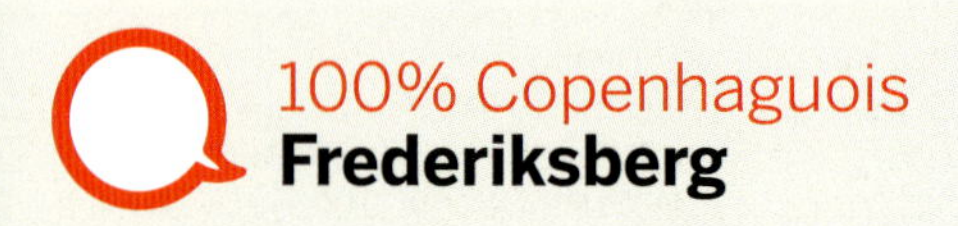

100% Copenhaguois
Frederiksberg

Tous les aspirants Copenhaguois convoitent un logement à Frederiksberg. Situé à l'ouest de Vesterbro, ce quartier cossu est ponctué d'architecture fin XIXe siècle, de bistrots de quartier et de rues résidentielles arborées. Il abrite l'élégant parc Frederiksberg Have, le zoo, et l'un des meilleurs marchés aux puces de Copenhague.

Comment y aller

Bus Les lignes 9A et 31 passent devant Frederiksberg Rådhus. La ligne 8A longe la lisière est de Frederiksberg Have et les lignes 6A et 72, la lisière sud du parc. Le bus 26 s'arrête près de la brasserie Carlsberg.

Métro La station Frederiksberg est à 300 m de Frederiksberg Rådhus.

S-Train La Carlsberg station se trouve à 400 m de la brasserie Carlsberg.

1 Sokkelund

Parfait exemple de la brasserie de quartier, le classique **Sokkelund** (☎38 10 64 00 ; cafe-sokkelund.dk ; Smallegade 36E ; plats 165-259 DKK ; ⏲8h-23h lun-ven, 9h30-23h sam, 9h30-22h dim ; 📶 ; 🚌8A, 31, 74) se caractérise par des banquettes en cuir, des journaux à dispo sur des crochets et des serveurs en chemise blanche. Au petit-déjeuner, au déjeuner ou au dîner, rejoignez le flux constant d'habitués autour d'une cuisine simple de bistrot.

2 Marché aux puces

Le samedi, allez arpenter le cultissime **Frederiksberg Loppetorv** (marché aux puces de Frederiksberg ; Smallegade, Frederiksberg Rådhus ; ⏲9h-15h sam avril à mi-oct ; 🚌8A, 9A, 31). L'affluence se justifie par la qualité des produits et les chineurs viennent tôt pour dégoter les meilleures trouvailles. On y trouve généralement beaucoup de prêt-à-porter local et international, mais aussi de curieuses pièces de collection de design danois.

3 Parc romantique

Le **Frederiksberg Have** (Frederiksberg Runddel ; ⏲7h-23h mi-juin-mi-août, jusqu'à 22h mai-mi-juin et mi-fin août, horaires réduits le reste de l'année ; 🚌6A, 8A, 71, 72) séduit avec ses lacs et ses espaces boisés. Repérez le pavillon d'été chinois, érigé en 1803 par Andreas Kirkerup, architecte à la cour. Surplombant le parc, l'ancienne résidence royale de Frederiksborg Slot accueille l'académie militaire royale danoise.

4 Zoo

Perché sur Frederiksberg (colline de Frederik), le **zoo de Copenhague** (☎72 20 02 00 ; www.zoo.dk ; Roskildevej 32 ; adulte/enfant 180/100 DKK ; ⏲10h-18h juin et mi-fin août, 10h-20h juil-mi-août, sinon horaires réduits ; 🚌6A, 72) compte plus de 2 500 merveilles de la nature. Le pavillon des éléphants a été conçu par l'architecte Norman Foster et le récent Artiske Ring permet de traverser le bassin des ours blancs.

5 Cisternerne

Sous le Søndermarken Park se cache un réservoir d'eau urbain du XIXe siècle surtout connu aujourd'hui pour abriter le **Cisternerne** (☎30 73 80 32 ; www.cisternerne.dk ; Søndermarken ; adulte/- de 18 ans 60 DKK/gratuit ; ⏲horaires variables ; 🚌6A, 72), l'un des espaces artistiques les plus atypiques de Copenhague. La galerie organise une grande exposition par an, annoncée sur son site Internet.

6 Brasserie Carlsberg

Elle doit sa silhouette à l'architecte Vilhelm Dahlerup. Le **centre des visiteurs** (☎33 27 12 82 ; www.visitcarlsberg.dk ; Gamle Carlsberg Vej 11, Vesterbo ; adulte/enfant 100/70 DKK ; ⏲10h-20h mai-sept, jusqu'à 17h le reste de l'année ; 🚌1A, 26, Ⓢ Carlsberg) retrace l'histoire de la bière danoise depuis 1370 av. J.-C., des anciennes cuves en cuivre aux célèbres chevaux de trait Jutland de la brasserie. La visite libre se termine au bar par une dégustation gratuite de deux types de bières.

Les incontournables
Musée d'Art moderne Louisiana

Comment y aller

S S-Tog Le musée Louisiana se trouve à Humlebæk, à 30 km au nord du centre de Copenhague, et desservie par le S-tog depuis la gare centrale et Nørreport. Marchez ensuite 1,5 km (suivez les panneaux) en longeant Gammel Strandvej.

Même si vous ne nourrissez pas une passion dévorante pour l'art moderne, ce remarquable musée mérite amplement de figurer à votre programme. Il comprend quatre ailes immenses qui se déploient dans un parc jalonné de sculptures, s'enfoncent dans la colline et pointent à nouveau vers la mer (et la Suède).

Jardin des sculptures, musée d'Art moderne Louisiana

Collection permanente

Elle se compose principalement de tableaux et d'œuvres graphiques d'après 1945 et couvre aussi bien le constructivisme, le mouvement artistique CoBrA, l'art minimaliste et l'expressionnisme abstrait que le pop art ou la photographie "mise en scène". Pablo Picasso, Francis Bacon et Alberto Giacometti font partie des pointures internationales représentées, aux côtés de grands artistes danois comme Asger Jorn, Carl-Henning Pedersen, Robert Jacobsen et Richard Mortensen.

Architecture

Les architectes danois Vilhelm Wohlert et Jørgen Bo passèrent plusieurs mois à se promener sur place avant de concevoir le Louisiana, avec pour résultat l'un des plus beaux exemples d'architecture contemporaine du pays : une série de bâtiments horizontaux très clairs en harmonie avec la nature environnante. D'ultérieures extensions complétèrent les trois édifices d'origine, terminés en 1958 et appelés Aile nord. Les sièges de la salle de concert sont signés du designer aujourd'hui disparu Poul Kjærholm.

Jardin de sculptures

Offrant une vue imprenable sur le bleu profond de l'Øresund et, au-delà, la Suède, les superbes jardins du Louisiana sont ponctués de sculptures de certains des artistes internationaux les plus reconnus. Vous verrez des œuvres de Max Ernst, Louise Bourgeois, Joan Miró, Henry Moore et Jean Arp, chacune positionnée de façon à instaurer un dialogue avec son environnement. Parmi les œuvres tout spécialement conçues pour le site citons *Self Passage* de George Trakas et *The Gate in the Gorge* de Richard Serra.

www.louisiana.dk

Gammel Strandvej 13, Humlebæk

adulte/étudiant/- de 18 ans 125/110 DKK/gratuit

11h-22h mar-ven, 11h-18h sam-dim

À savoir

- Le musée organise des conférences régulières et des concerts en soirée. Consultez le site Web.
- En famille, optez pour l'aile des Enfants, où ceux-ci pourront créer leur propre chef-d'œuvre inspiré des collections.
- Le château de Kronborg, inscrit au patrimoine mondial de l'Unesco, se trouve à Helsingør, sur la même ligne de train que le Louisiana, plus au nord. Une excursion couplée est donc envisageable.

Une petite faim ?

Doté d'une grande terrasse ensoleillée avec vue sur la mer, le café du Louisiana est un bel endroit pour se restaurer.

Copenhague
selon ses envies

Les plus belles balades

Envie de...

MASKOT/GETTY IMAGES ©

Les plus belles balades

Flânerie à Slotsholmen

Itinéraire

Malgré sa petite taille à l'échelle de la ville, l'îlot de Slotsholmen concentre tous les pouvoirs du Danemark. C'est ici que le gouvernement et le Parlement débattent des politiques à adopter, que les juges de la Cour suprême rendent des arrêts qui feront jurisprudence et que la reine reçoit la plupart de ses hôtes. Au fil de cette promenade facile, vous traverserez le pont le plus romantique de Copenhague, contemplerez le paysage urbain depuis sa plus haute tour et vous relaxerez dans un jardin intimiste créé sur un ancien port.

Départ Marmorbroen ; 1A, 2A, 9A, 26, 37 jusqu'à Stormbroen

Arrivée Ved Stranden 10 ; 1A, 2A, 9A, 26, 37 jusqu'à Christiansborg Slotsplads

Distance et durée 2 km ; 1 heure 30

Une petite faim ?

Arrêtez-vous dans l'un des meilleurs bars à vins de Copenhague, **Ved Stranden 10** (p. 51).

Le "diamant noir" (p. 41) de l'intérieur

1 Marmorbroen

Le **pont de marbre** est l'un des plus beaux exemples du style rococo à Copenhague. Achevé en 1745, il date du Christiansborg Slot d'origine, qui a brûlé en 1794.

2 Christiansborg Ridebane

Le **manège à chevaux** du palais, qui a également survécu à l'incendie, offre un aperçu de son style baroque d'origine. La seule décoration de la place est la statue équestre de Frederik VII, réalisée par Vilhelm Bissen au XIXe siècle.

3 Tour de Christiansborg Slot

Passez par l'entrée principale de Christiansborg Slot pour gravir la **tour** (p. 38) du palais. Les fans de la série *Borgen* reconnaîtront le lieu où le mentor de Birgitte, Bent Sejrø, l'encourage à se battre pour devenir *statsminister*.

4 Det Kongelige Biblioteks Have

Les arcades du bâtiment en brique

rouge face au côté sud de Christiansborg Slot mènent au charmant **jardin de la bibliothèque royale**. Le jardin donne sur l'ancien port de Christian IV, Tøjhushavnen. La vertigineuse fontaine sculptée par Mogens Møller, d'où jaillit de l'eau toutes les heures, rend hommage à la littérature.

5 Det Kongelige Bibliotek

Au sud du jardin, **Det Kongelige Bibliotek** (p. 41) comporte une extension mondialement connue, surnommée le **diamant noir**. Achevée en 1999, sa façade lustrée et sombre est en granit noir du Zimbabwe poli en Italie. Montez dans les étages supérieurs pour profiter d'une vue spectaculaire depuis l'atrium.

6 Børsen

Remontez le front de mer vers le nord, puis tournez à gauche sur Slotsholmsgade pour rejoindre le **Børsen** (p. 42). L'ancienne Bourse de Copenhague, bâtie au XVIIe siècle, était à l'origine entourée d'eau sur trois côtés et surmontée d'un toit à couverture de plomb. Le plomb fut utilisé pour fabriquer des boulets de canon pendant l'occupation suédoise en 1658-1659.

7 Ved Stranden 10

Traversez Holmens Bro et allez déguster un verre de bon cru bien mérité au **Ved Stranden 10** (p. 51), sur sa terrasse en bord de canal ou au chaud dans son intérieur douillet au design danois.

Les plus belles balades

L'âme de Nørrebro

Itinéraire

Cœur créatif de Copenhague et enclave multiethnique, Nørrebro est ponctué de parcs décalés, d'œuvres de *street art*, d'ateliers et de studios étonnants, sans compter le plus beau cimetière de la ville. En piste pour arpenter ses rues et découvrir une place rouge et un taureau, des oiseaux géants et un pétrolier ou encore une rue douteuse réhabilitée.

Départ Superkilen ; 🚌5A jusqu'à Nørrebrogade

Arrivée Jægersborggade ; 🚌8A jusqu'à Jagtvej

Distance et durée 2 km ; 1 heure 30

Une petite soif ?

Terminez votre promenade par un bon café au **Coffee Collective** (p. 103).

Superkilen

❶ Superkilen

Créé par le cabinet d'architectes danois Bjarke Ingels Group, les architectes-paysagistes de Topotek1 à Berlin et le collectif artistique danois Superflex, le parc urbain **Superkilen** s'étend sur 1 km. Avec ses néons russes, ses bornes ghanéennes et son taureau espagnol, il constitue un clin d'œil joyeux et coloré au tissu multiculturel du quartier.

❷ Fresque de Basco5

Empruntez Mimersgade vers l'est puis prenez Bragesgade à gauche. Du côté du numéro 35, notez la **fresque murale** de l'artiste copenhagois Nils Blishen, plus connu sous le nom de Basco5. Les oiseaux, les hommes barbus et les lignes arrondies de dessins humoristiques sont des marques de fabrique de l'artiste.

❸ BaNanna Park

Prenez à droite dans Nannasgade et remontez la rue sur 250 m jusqu'au **BaNanna Park** aménagé à la place d'une raffinerie. Le portail d'entrée consiste en un mur d'escalade de 14 mètres, plébiscité par les habitants et accessible à tous (apporter son équipement).

4 Fresques d'Odinsgade

Tournez à droite dans Rådmandsgade, puis à gauche dans Mimersgade et encore à droite dans Thorsgade. La **fresque** originale d'Odinsgade se situe à deux pâtés de maisons de là, au numéro 17. On la doit à Simon Hjermind Jensen, Anne Sofie Madsen et Claus Frederiksen. Tout à côté, la fresque représentant un pétrolier exploite l'architecture pour un effet saisissant.

5 Assistens Kirkegård

À Jagvej, tournez à droite et poursuivez jusqu'au cimetière d'**Assistens Kirkegård** (p. 99). En 2013, un lieu de sépulture de 75 m² a été créé pour les sans-abri, agrémenté d'une statue en bronze de l'artiste Leif Sylvester. Chaque jour, l'excentrique Captain Irishman fait une collecte de fleurs pour eux.

6 Jægersborggade

En face du cimetière, plusieurs ateliers d'artisanat, boutiques et restaurants animent Jægersborggade. Au n°45, **Vanishing Point** (p. 105) vend des céramiques locales, des bijoux, des articles tricotés à la main, des édredons et des lithographies en édition limitée. Au n°48, **Gågron!** (p. 105) propose des produits éthiques de tous les jours pour amateurs de design.

Envie de... Musées et galeries

Copenhague ne manque pas de musées et de galeries séduisants. Du plus poétique au plus éclectique, ils abritent un nombre incalculable de trésors culturels : anciens objets de sépultures et momies, épées et bijoux éclatants, objets design cultes et installations contemporaines du Danemark et d'ailleurs. Enfilez donc des chaussures confortables et lancez-vous.

Planifier ses visites

Nombre de musées et de galeries d'art ferment au moins un jour par semaine, d'ordinaire le lundi. Certains restent ouverts tard au moins un soir par semaine, souvent le mercredi ou le jeudi. Le Nationalmuseet, le Statens Museum for Kunst et le Davids Samling sont toujours gratuits, d'autres musées parmi lesquels la Ny Carlsberg Glyptotek et le Thorvaldsens Museum ne font pas payer l'entrée une fois par semaine, en principe le mercredi ou le dimanche.

Des musées et des parcs

Le Statens Museum for Kunst, le Rosenborg Slot, le Davids Samling, le Hirschsprungske Samling, le Statens Naturhistoriske Museum (avec le Geologisk Museum) ainsi que la Cinemateket forment le tout nouveau **Parkmuseerne** (www.parkmuseerne.dk). Un billet groupé (195 DKK) donne accès à tous ces lieux, offre 10% de réduction sur les publications du Davids Samling et inclut une séance à la Cinemateket.

☑ Bon plan

▶ Si vous comptez écumer les musées, pensez à la **Copenhagen Card** (p. 150) qui donne accès à 79 musées et monuments, dont le Rosenborg Slot, le Nationalmuseet et la Ny Carlsberg Glyptotek, ainsi qu'à tous les transports publics gratuitement.

Histoire

Nationalmuseet Toute l'histoire danoise en un seul lieu. (p. 28)

Rosenborg Slot Le *bling bling* royal de la résidence d'été Renaissance de Christian IV. (p. 84)

Ruinerne under Christiansborg Les vestiges du premier

Musée d'Art moderne Louisiana (p. 102)

château fort de Copenhague. (p. 37)

Designmuseum Danmark Origines du design danois. (p. 60)

De Kongelige Stalde Carrosses, uniformes et équipement d'équitation aux Écuries royales. (p. 42)

Tøjhusmuseet Le musée de l'Arsenal royal retrace les batailles historiques. (p. 43)

Beaux-arts

Statens Museum for Kunst La plus importante collection d'œuvres d'art du pays, du Moyen Âge à aujourd'hui. (p. 88)

Louisiana Chefs-d'œuvre mondiaux et architecture moderne. (p. 122)

Ny Carlsberg Glyptotek Des antiquités égyptiennes et méditerranéennes côtoient des œuvres impressionnistes. (p. 31)

Thorvaldsens Museum Un sanctuaire pour le plus grand sculpteur du pays. (p. 41)

Trésors méconnus

Davids Samling Un appartement néoclassique renfermant des joyaux d'Orient et d'Occident. (p. 93)

Hirschsprungske Samling Art danois des XIXe et XXe siècles dans un bel écrin. (p. 94)

Dansk Jødisk Museum Le musée juif occupe un espace conçu par l'architecte Daniel Libeskind. (p. 42)

Galeries d'art contemporain

Kunsthal Charlottenborg L'un des plus grands espaces européens pour les talents actuels du monde entier. (p. 65)

Kunstforeningen GL Stand Œuvres progressistes danoises et étrangères en bordure de canal. (p. 48)

V1 Gallery Expos pointues dans le quartier des abattoirs. (p. 114)

Cisternerne Ancien réservoir souterrain devenu un espace artistique spectaculaire. (p. 121)

Envie de... Shopping

En la matière, Copenhague compense son choix limité par la qualité et l'originalité. Capitale scandinave la plus décontractée, elle propose un grand choix d'articles incontournables conçus et fabriqués au Danemark. Parmi les valeurs sûres, vous trouverez des vêtements et accessoires *streetwear* haut de gamme et originaux, des céramiques, des objets en verre, des bijoux et des textiles. De quoi raviver votre fièvre acheteuse !

Où faire du lèche-vitrines

Les grandes enseignes jalonnent Strøget, dont l'extrémité est (Østergade) est occupée par les boutiques les plus luxueuses. Amagertorv abrite les boutiques de Royal Copenhagen, de Georg Jensen et du géant du design Illums Bolighus. De grandes chaînes bordent encore Købmagergade. Les marques scandinaves jeunes et tendance se concentrent dans les rues à l'est de Købmagergade et au nord d'Østergade (notamment Gammel Mønt, Grønnegade et Møntergade). Le quartier latin comporte quelques friperies et antiquaires, ainsi que des boutiques originales de prêt-à-porter haut de gamme sur Krystalgade.

Au nord de Nyhavn, art et antiquités dominent dans la luxueuse Bredgade. Pour des bijoux rétro ou des articles kitsch d'un budget plus abordable, passez en revue Ravnsborggade à Nørrebro ou explorez Nørrebro Loppemarked, le marché aux puces du quartier, le samedi. À Nørrebro, les rues Elmegade et Jægersborggade regorgent de boutiques indépendantes. Vesterbro est une autre valeur sûre pour les petits créateurs et la décoration, principalement le long d'Istedgade et Værndamsvej.

Bon plan

- Les citoyens hors UE peuvent se faire rembourser la TVA pour tout achat minimum de 300 DKK (par boutique) chez les commerces agréés. Il faut faire remplir un formulaire de remboursement au magasin, puis le présenter accompagné des tickets de caisse, de vos achats et de votre passeport à l'aéroport en partant.

Mode pour femmes

Stine Goya Looks uniques et ludiques par le créateur indépendant le plus en vogue du Danemark. (p. 95)

Devanture du magasin Designer Zoo

Baum und Pferdgarten Collections haut de gamme et audacieuses d'un duo danois. (p. 56)

Storm Marques introuvables, accessoires et cadeaux dans un concept-store unisexe. (p. 56)

Mode pour hommes

NN07 Vêtements et accessoires de très bonne qualité au style épuré, entre l'esthétique scandinave et japonaise. (p. 56)

Wood Wood Concept-store culte vendant sa propre collection ainsi que d'autres marques de vêtements *streetwear*, des chaussures, des lunettes et des parfums. (p. 57)

Samsøe & Samsøe Modèles décontractés, confortables et ultra-branchés. (p. 111)

Design d'intérieur

Hay House Meubles, objets mobiliers et cadeaux contemporains de la nouvelle école scandinave. (p. 55)

Stilleben Superbes céramiques, textiles, bijoux et autres cadeaux signés de jeunes créateurs locaux avant-gardistes. (p. 55)

Designer Zoo Articles pour la maison, meubles et vêtements éclectiques vendus par de vrais artisans. (p. 119)

Illums Bolighus Quatre étages de design pour toutes les pièces de la maison. (p. 55)

Gourmandises

Torvehallerne KBH Marché alimentaire regorgeant d'articles d'épicerie. (p. 90)

Juuls Vin og Spiritus Akvavits, gins et autres alcools nordiques. (p. 111)

Cadeaux et souvenirs

Posterland Un choix dément d'affiches, dont des publicités rétro pour des bières, des transports, des villes, etc. (p. 56)

Designmuseum Danmark Cadeaux branchés, des bijoux locaux aux livres de recettes nordiques en passant par les chaussettes imprimées. (p. 60)

Envie de... **Gastronomie**

Outre un grand nombre de restaurants étoilés, Copenhague compte de plus en plus d'adresses proposant une cuisine danoise contemporaine à prix abordables. La scène culinaire internationale n'est pas en reste avec une multitude de lieux servant *pho*, *ramen* et tacos préparés avec des ingrédients de première qualité. À leurs côtés, de véritables institutions de la ville continuent de vendre les grands classiques du Danemark, parmi lesquels le fameux *smørrebrød*.

Spécialités traditionnelles

Le lichen des rennes et les œufs de caille fumés au foin ont beau être la norme sur les cartes contemporaines, le menu danois traditionnel s'avère plus roboratif. La viande de porc (*flæskor* ou *svinekød*) est reine des réconfortantes *frikadeller*, des boulettes de porc haché souvent accompagnées de pommes de terre vapeur et de chou rouge. D'après un proverbe norvégien, il se cache un porc derrière chaque Danois, tant leur élevage est intensif. Tout aussi emblématique, et consistant, le *stjerneskud* ("étoile filante") associe filet de poisson vapeur pané, saumon fumé, crevettes et caviar sur une tartine.

Douceurs

Ce que l'on appelle en France couque danoise prend le nom au Danemark de *wienerbrød* (pain viennois). Selon la légende, ce nom viendrait d'un boulanger danois parti s'installer en Autriche au XVIIIe siècle où il affina la recette de cette pâtisserie aérée et riche en beurre. Au rang des autres célèbres viennoiseries danoises figure aussi le *kanelsnegle*, un délicieux roulé à la cannelle parfois garni de chocolat fondant.

☑ À savoir

- Réservez les tables en vogue, surtout en fin de semaine. Il est souvent possible de réserver en ligne.
- Les habitants ne sont pas des Méditerranéens. Autrement dit, vous aurez du mal à trouver une table servant encore après 22h.

Cuisine danoise traditionnelle

Schønnemann Un choix incroyable de *smørrebrød* dignes des chefs étoilés. (p. 50)

Café Halvvejen Cuisine roborative en portions généreuses dans un décor en bois d'une autre époque. (p. 51)

Restauration en plein air, Kødbyen, Vesterbro

Orangeriet *Smørrebrød* au déjeuner dans une ancienne orangerie romantique. (p. 85)

Kanal Caféen Personnel adorable et assiettes danoises incroyables en bord de canal. (p. 32)

Nouvelle cuisine danoise

Kadeau Dégustations époustouflantes débordant de créativité. (p. 78)

Höst Nouvelle cuisine nordique raffinée à prix abordables. (p. 94)

108 Assiettes locavores à partager dans l'annexe plus décontractée du Noma. (p. 78)

Bror Plats cuisinés à la perfection par deux anciens du Noma. (p. 32)

Restaurant Mes Subtiles influences internationales et présentation originale. (p. 32)

Pluto Cuisine de saison et de qualité servie dans un cadre animé et chaleureux. (p. 94)

Saveurs d'Asie

District Tonkin Authentiques *bánh mì* (sandwichs vietnamiens) et spécialités du nord du Vietnam. (p. 66)

The Market Fascinante cuisine panasiatique dans un cadre chic. (p. 50)

Poisson et fruits de mer

Oysters & Grill Huîtres extraordinaires et autres fruits de mer dans une ambiance conviviale. (p. 99)

Kødbyens Fiskebar Plateaux à partager créatifs et haut de gamme dans un décor industriel animé. (p. 115)

Pour petits budgets

WestMarket Galerie commerciale consacrée à une restauration rapide de qualité et du monde entier. (p. 115)

Hija de Sanchez Authentiques et savoureux tacos par une ancienne du Noma. (p. 116)

Tommi's Burger Joint Généreux burgers dans le quartier des abattoirs. (p. 117)

DØP Hot-dogs premium, 100% bio. (p. 51)

Envie de... Bars et cafés

Copenhague compte une multitude d'adresses pour prendre un verre. Les coins les plus animés sont Kødbyen (ancien quartier des abattoirs), Istedgade et le nord de Viktoriagade à Vesterbro ; Ravnsborggade, Elmegade, Sankt Hans Torv et Jægersborggade à Nørrebro ; et le quartier latin historique. Par beau temps, la touristique Nyhavn est toujours agréable, mais les prix sont plus élevés au bord du canal : aventurez-vous dans les rues voisines qui abritent quelques pépites.

Cocktails

Ruby Cocktails méticuleusement préparés dans l'un des 50 meilleurs bars du monde. (p. 52)

Lidkoeb Une adresse secrète tout près de Vesterbrogade servant de merveilleux breuvages. (p. 117)

1105 Bar à cocktails sombre et élégant du centre-ville. (p. 52)

Kassen Prix imbattables et foule joyeuse. (p. 104)

Vins

Ved Stranden 10 De surprenants crus servis par un personnel averti. (p. 51)

Mother Wine Caviste proposant des vins italiens à prix raisonnables et des dégustations en fin de semaine. (p. 52)

Nebbiolo *Enoteca* à l'italienne vendant d'excellents crus à deux pas de Nyhavn. (p. 68)

Den Vandrette Vins naturels et tables à l'extérieur, sur le port en été. (p. 68)

Bières artisanales

Brus Une sélection tournante de 24 bières à la pression, dont des marques locales exceptionnelles. (p. 102)

Mikkeller & Friends Bières maison et bières à la belge dans le bar d'une brasserie locale. (p. 102)

Nørrebro Bryghus Microbrasserie pionnière, toujours à la pointe. (p.104)

SARAH COGHILL/LONELY PLANET ©

☑ Nyhavn à petits prix

▶ Fuyez les bars pour touristes en bordure du canal et allez acheter vos bières et bouteilles de vin à la supérette Turs Havneproviant, du côté nord du canal sur Lille Strandstræde (au n°3). Puis, installez-vous au bord de l'eau et trinquez aux petits plaisirs de la vie – pratique autorisée à Copenhague.

Envie de... Concerts et spectacles

L'offre culturelle de Copenhague est large, variée et de qualité. Tous les soirs, on peut trouver des représentations de danse, d'opéra et de théâtre, des clubs et de la musique live pour tous les styles. La scène jazz de la ville est mondialement reconnue.

Musique live et DJ

Vega Live Trois salles en une à la programmation variée. (p. 119)

Rust Un grand classique pour écouter rock indé, pop, hip-hop et électro. (p. 103)

Culture Box DJs locaux et internationaux mixent de l'électro. (p. 95)

Loppen Ambiance brute, fiévreuse et alternative dans un entrepôt de Christiania. (p. 75)

Jazz et blues

Jazzhus Montmartre Vénérable club de jazz proposant une restauration de qualité avant les concerts. (p. 53)

Mojo Sons nocturnes mélancoliques, du blues à la soul, dans une ambiance chaleureuse. (p. 33)

Arts du spectacle

Det Kongelige Teater Ballets et opéras de renom dans le plus somptueux théâtre d'époque de Copenhague. (p. 68)

Skuespilhuset Le siège contemporain du Théâtre royal danois accueille des productions classiques et modernes. (p. 69)

Operaen Remarquables spectacles d'opéra dans un bâtiment sensationnel sur le port. (p. 81)

Cinéma

Cinemateket Cinéma indépendant de qualité, avec des films classiques danois deux fois par mois. (p. 55)

Grand Teatret Une salle de cinéma d'époque qui programme surtout des films européens. (www.grandteatret.dk ; Mikkel Bryggers Gade 8 ; 🕑11h-22h30 ; 📶 ; 🚌12, 14, 26, 33 ; S København H)

SARAH COGHILL/LONELY PLANET ©

☑ Bon plan

▸ Le **Box Office** (☎33 15 10 01 ; Vesterbrogade 3 ; 🕑10h-22h45 dim-jeu, jusqu'à 23h45 ven et sam en été, 10h-18h lun-ven le reste de l'année), à l'entrée principale des jardins, vend des billets pour Tivoli, mais aussi, en tant que revendeur **BilletNet** (☎70 15 65 65 ; www.billetnet.dk), pour des concerts, des pièces de théâtre, des événements sportifs et des festivals.

Envie de... Hygge

Certes, il est un peu inhabituel de faire d'une sensation un incontournable d'une ville, mais dans le cas du *hygge* danois, nous vous invitons à en faire l'expérience.

Définition

Qu'entend-on par *hygge*? Comment y parvenir ? À quoi cela ressemble-t-il ? Allumez des bougies, servez-vous un café chaud et lisez donc ce qui suit.

Bien qu'il n'existe pas vraiment d'équivalent en français, *hygge* désigne grosso modo un sentiment chaleureux amical et convivial qui peut naître quand les Danois se retrouvent à deux ou à plusieurs. Les participants ne sont pas nécessairement amis (ils peuvent avoir fait connaissance juste avant), mais si la conversation va bon train, en évitant des sujets clivants comme la politique ou la meilleure méthode de fabrication du hareng mariné, que la convivialité s'installe et que l'on trinque devant un feu de cheminée (ou, du moins, devant quelques bougies), c'est que le *hygge* n'est pas loin.

À savoir

- Le *hygge* danois atteint son apogée en décembre. Les illuminations, le *gløgg* (vin chaud) coulant à flots et le célèbre marché de Noël des jardins de Tivoli favorisent la convivialité et une atmosphère cosy.

Hygge à l'ancienne

Jardins de Tivoli Une farandole folle de manèges de carnaval, de lumières et de charme suranné. (p. 24)

Café Halvvejen Bonne cuisine danoise, *snaps* réconfortant et cadre nostalgique. (p. 51)

La Glace Séance cocooning avec un thé chaud et une part généreuse de cake aux noix. (p. 51)

Hygge branché

Manfreds og Vin Restaurant de quartier cosy à la carte gourmande. (p. 102)

Øl & Brød Une vision moderne du design danois, de la bière, des plats et un accueil chaleureux. (p. 116)

Lidkoeb Peaux de mouton, bougies et une cour festive plantent le décor *hyggelig* de délicieuses agapes. (p. 117)

Bastard Café *Hipsters* et *geeks* revivent leurs plus belles années en buvant des coups autour de jeux de société. (p. 52)

Envie de… Copenhague gratuit

Si Copenhague n'est guère une destination bon marché, elle réserve aux voyageurs de belles surprises, y compris pour quelques-uns de ses meilleurs sites. En bonus, la taille compacte de la ville permet d'économiser sur les transports.

Musée gratuit en permanence

Davids Samling Une collection inestimable de trésors du monde arabe, de tableaux européens et d'arts appliqués. (p. 93)

Musées gratuits ponctuellement

Ny Carlsberg Glyptotek Des tombes égyptiennes aux impressionnistes français, une collection éclectique. Gratuit le mardi. (p. 31)

Thorvaldsens Museum Un musée hommage au très talentueux sculpteur danois. Gratuit le mercredi. (p. 41)

Nikolaj Kunsthal Les expositions d'art contemporain hébergées dans cette ancienne église sont gratuites le mercredi. (p. 49)

Activités

Assistens Kirkegård Pour un tête-à-tête avec d'illustres personnages historiques danois. (p. 99)

Islands Brygge Havnebadet La piscine portuaire la plus courue de Copenhague. (Islands Brygge ; entrée gratuite ; 24h/24 juin-sept, ; 5C, 12, M Islands Brygge)

Christiania Un voyage multisensoriel dans le quartier alternatif de Copenhague. (p. 72)

Tour de Christiansborg Slot La vue imprenable du haut de la plus haute tour de Copenhague est gratuite. (p. 38)

Botanisk Have Promenez-vous dans la plus importante collection de plantes du Danemark. (p. 93)

SARAH COGHILL/LONELY PLANET ©

À savoir

- **Copenhagen Free Walking Tours** (www.copenhagenfreewalkingtours.dk) propose des visites guidées gratuites (pourboire apprécié). Le Grand Tour of Copenhagen (3h), part tous les jours à 10h, 11h et 15h devant l'hôtel de ville. Le Classical Copenhagen Tour (1h30) part tous les jours à 12h de Højbro Plads. Des visites de Christianshavn (1h30) ont lieu tous les jours à 15h, au départ de Højbro Plads.

Envie de... Circuits organisés

Circuits généralistes

Netto-Bådene (☎32 54 41 02 ; www.havnerundfart.dk ; adulte/enfant 40/15 DKK ; ⏲2 à 5 visites/heure, 10h-19h juil-août, horaires réduits le reste de l'année). La moins chère des croisières de Copenhague. Montée à Holmens Kirke et Nyhavn.

Canal Tours Copenhagen (☎32 96 30 00 ; www.stromma.dk ; adulte/enfant 80/40 DKK ; ⏲9h30-21h fin juin-mi-août, horaires réduits le reste de l'année ; 👪). Bateaux-mouches très prisés, au départ de Nyhavn et de Ved Stranden.

Copenhagen City Sightseeing (☎32 96 30 00 ; www.citysightseeing.dk ; adulte/enfant à partir de 158/79 DKK ; ⏲départ toutes les 30-60 min, 9h30-16h30 tlj, fin avr-mi sept, horaires et itinéraires réduits le reste de l'année). Bus avec montée et descente libres. Trois parcours possibles. Le "Bus & Boat combo", valable 2 jours, inclut une croisière Canal Tours Copenhagen.

Circuits sportifs

Kayak Republic (☎22 88 49 89 ; www.kayakrepublic.dk ; location 1/2/3 heures 175/275/375 DKK, promenade 2 heures 395 DKK ; ⏲10h-21h juin-août, horaires réduits le reste de l'année). Promenades de 2 heures sur les canaux de la ville et visites de 3 heures, moins fréquentes, axées sur la gastronomie ou l'architecture scandinave. À côté du pont Christian IV.

Bike Copenhagen With Mike (☎26 39 56 88 ; www.bikecopenhagenwithmike.dk ; 299 DKK/pers). Trois heures de balade typique à vélo, au départ de Sankt Peders Stræde 47 en centre-ville. Des visites saisonnières et individuelles sont également proposées.

Running Tours Copenhagen (☎50 59 17 29 ; www.runningtours.dk ; 1 à 2 personnes 350 DKK, 100 DKK/personne supplémentaire). Pour découvrir la ville et son histoire en courant. Circuit complet, circuit de nuit ou encore tournée des pubs. Départ à Rådhuspladsen.

Circuits à thème

Nordic Noir Tours (www.nordicnoirtours.com ; 150 DKK/pers, 100 DKK en réservant en ligne ; ⏲circuits The Killing/Bron 16h sam, Borgen 14h sam réserver en avance). Retrouvez les lieux fréquentés par vos personnages favoris des séries TV *Borgen*, *Bron* et *The Killing* au cours de ce circuit à pied de 1 heure 30. Départ à la gare S-tog de Vesterport.

CPH:cool (☎50 58 28 24 ; www.cphcool.dk ; visites guidées 1-6 pers à partir de 1 650 DKK). Circuits érudits de 2 heures ou 2 heures 30 axés sur le shopping, l'architecture, le design, la gastronomie ou la bière. Départ devant l'office du tourisme de Copenhague.

Envie de... Copenhague avec des enfants

Parc d'attractions mondialement connu situé en plein centre-ville (les jardins de Tivoli), entrée gratuite pour les enfants dans la plupart des musées, institutions culturelles ludiques avec activités dédiées aux familles, parcs et plages adaptés et transports praticables en poussette font de Copenhague une ville parfaite en famille.

Inspiration artistique

Louisiana Le musée est doté d'une immense aile destinée aux enfants et d'un vaste espace en plein air. (p.122)

Statens Museum for Kunst La Galerie nationale propose une salle de dessin, des ateliers pour enfants le week-end et une journée des enfants chaque mois. (p. 88)

Par beau temps

Jardins de Tivoli Spectacles laser, feux d'artifice et manèges du plus charmant au plus fou. (p. 24)

GoBoat Les enfants peuvent jouer aux "pirates des ordures" à bord d'un bateau à énergie solaire, en ramassant des déchets pour obtenir une récompense. (p. 78)

Islands Brygge Havnebadet En été, barbotez dans le bassin portuaire préféré des Copenhagois. (p. 139)

Kongens Have Assistez à un spectacle de marionnettes dans l'ancien jardin de Christian IV. (p. 87)

Découvertes historiques

Nationalmuseet On peut y diriger un bateau ou jouer au chevalier. (p. 28)

Rosenborg Slot Pour se défouler dans un château de conte de fées. (p. 84)

Mystery Makers Jeux de piste pour découvrir les sites historiques. (p. 68)

Rundetårn Du haut de la tour, jouez à repérer les principaux monuments de la ville. (p. 48)

À savoir

- Les agences de location de cycles louent remorques et vélos pour enfants.
- Les enfants de 12 à 15 ans paient moitié prix dans les transports publics. Un adulte muni d'un titre de transport valide peut être accompagné de deux enfants de moins de 12 ans gratuitement.
- Visitez www.visitcopenhagen.com pour des activités en famille.

Envie de... Architecture

Si le patrimoine architectural de Copenhague est riche et divers, la capitale danoise continue d'afficher une créativité et un avant-gardisme contemporains. Ses trésors de style Renaissance, baroque ou romantique national partagent la vedette avec des icônes modernes et des merveilles d'innovation, source d'inspiration pour les urbanistes du monde entier.

Aperçu historique

L'histoire architecturale de Copenhague commence au XIIe siècle lorsque l'évêque Absalon fait construire une forteresse dont les ruines sont encore visibles sous le château de Christiansborg. Surnommé le roi bâtisseur, Christian IV se lance dans un programme de construction au XVIIe siècle comprenant le Børsen, la Rundetårn et le Rosenborg Slot. L'Amalienborg Slot et la Marmorkirken sont des merveilles rococo, tandis que le Rådhus est le plus bel exemple du style romantique national.

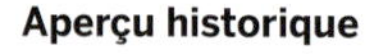

Rosenborg Slot Un charmant château construit dans le style de la Renaissance hollandaise. (p. 84)

Christiansborg Slot Le plus audacieux bâtiment néobaroque de Copenhague. (p. 36)

Rundetårn La tour d'observation de Christian IV comporte une rampe pour les chevaux. (p. 48)

Børsen Des dragons coiffent le toit de la Bourse érigée dans le style de la Renaissance hollandaise. (p. 42)

Det Kongelige Bibliotek L'aile dite du "diamant noir" a inauguré une nouvelle ère sur les quais. (p. 41)

Operaen L'opéra de Copenhague, face au port, divise l'opinion. (p. 81)

Bon plan

▶ Installé depuis peu dans le bâtiment Blox, conçu par l'architecte Rem Koolhaas, le **Dansk Arkitektur Center** (plan p. 30, D4 ; www.dac.dk ; Frederiksholms Kanal 30 ; expositions adulte/enfant 40 DKK/gratuit, mer 17h-21h gratuit ; expositions et librairie 10h-17h lun-mar et jeu-dim, 10h-21h mer ; 66, Det Kongelige Bibliotek) comporte une remarquable librairie et boutique de design, accueille des expositions consacrées à l'architecture et propose des visites architecturales de la ville en été. Consultez le site pour plus d'informations.

Envie de... Design

Existe-t-il une capitale plus obnubilée par le design que Copenhague ? Restaurants, hôtels, passerelles pour cyclistes... l'un des atouts les plus stimulants de Copenhague reste sa maîtrise et sa passion pour les arts appliqués.

Kaare Klint, pionnier du design danois

Si le design danois contemporain s'est épanoui dans les années 1950, ses racines remontent aux années 1920 et au travail de Kaare Klint (1888-1954). Architecte pionnier du modernisme, il passa une grande partie de sa carrière à étudier la physionomie humaine et il modifia l'aspect de bon nombre de chaises pour les rendre plus fonctionnelles et ergonomiques. L'obsession de Klint pour la fonctionnalité, l'accessibilité et le souci du détail finira par inspirer et définir le design danois du milieu du XXe siècle et son héritage, plus large.

Designmuseum Danmark Une plongée dans l'histoire et les pièces emblématiques du design danois. (p. 60)

Klassik Moderne Møbelkunst Vente au détail des plus célèbres chaises, tables et autres meubles danois. (p. 69)

Hay House Mobilier, articles pour la maison et cadeaux signés par de nouveaux talents scandinaves. (p. 55)

Designer Zoo À la fois boutique de design et atelier pour talentueux créateurs et artisans locaux. (p. 119)

Illums Bolighus Tous les plus grands noms du design sur quatre niveaux. (p. 55)

Höst L'intérieur à la fois urbain et rustique de ce restaurant de nouvelle cuisine nordique a reçu des récompenses internationales. (p. 94)

À savoir

- Lors du festival **3 Days of Design** (www.3daysofdesign.dk ; mai ou juin), des dizaines de lieux – magasins d'ameublement et de design, cafés, et le Designmuseum Danmark – organisent des événements (débats, visites, lancements de produits) ouverts au public sur le thème du design.

Normann Copenhagen Un cinéma reconverti en vitrine du design industriel contemporain. (p. 107)

Envie de... Fêtes et festivals

Fêtes de rue assourdissantes, jazz sensuel, chefs vedettes, films et docus révolutionnaires, Gay Pride aux couleurs de l'arc-en-ciel... dynamisme et émotion sont au programme à Copenhague. Vous y trouverez toujours une raison pour sortir et fêter les bonnes choses de la vie.

À savoir

- Les sites www.visitcopenhagen.com, en anglais, et www.aok.dk, en danois, sont les meilleures sources d'infos sur l'agenda des manifestations. Citons aussi le *Copenhagen Post* (www.cphpost.dk).

Soif de culture

Kulturnatten (www.kulturnatten.dk ; oct). La nuit de l'art et de la culture, le deuxième vendredi d'octobre.

Kulturhavn (www.kulturhavn.dk ; août). Trois jours de manifestations majoritairement gratuites sur le port, début août.

Code Art Fair (www.codeartfair.dk ; août/sept) Foire internationale d'art, pendant 4 jours.

Musique

Copenhagen Jazz Festival (www.jazz.dk ; juil) Dix jours de jazz de haut niveau début juillet. Une édition hivernale se déroule également en février.

Festival de blues de Copenhague (www.copenhagenbluesfestival.dk ; sept/oct). Un événement international sur 5 jours.

Strøm (www.stromcph.dk ; août). Un festival de musique électro durant 5 jours en août.

Copenhagen 'Distortion' (www.cphdistortion.dk ; mai/juin). Clubs et fête dans les rues sont à l'honneur durant 5 jours grisants.

Pour les gourmands

Copenhagen Cooking & Food Festival (www.copenhagencooking.dk ; août-sept). Le plus grand festival culinaire de Scandinavie.

Ølfestival (www.beerfestival.dk ; mai/juin) Fête de la bière qui met à l'honneur des producteurs danois et internationaux durant 3 jours.

Cinéma

CPH:PIX (www.cphpix.dk ; sept/oct). Festival du cinéma, 2 semaines en septembre ou en octobre.

CPH:DOX (www.cphdox.dk ; mars). Festival du film documentaire, 11 jours en mars.

Carnet pratique

Carnet pratique

Avant de partir

Quand partir

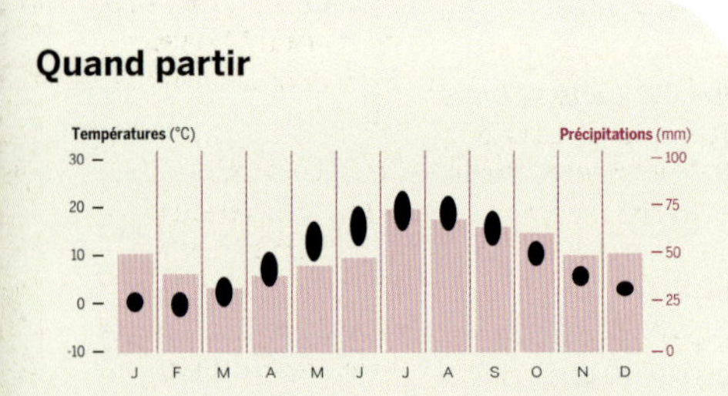

➡ **Hiver (déc-fév)** Les jours sont courts et les températures glaciales. En décembre, les illuminations de Noël, les marchés et le *gløgg* (vin chaud) réchauffent les cœurs.

➡ **Printemps (mars-mai)** Il fait en général plus doux à partir d'avril. Les sites en plein air commencent à rouvrir.

➡ **Été (juin-août)** La meilleure période : il fait jour tard et de nombreux festivals et événements ont lieu en extérieur.

➡ **Automne (sept-nov)** Rafraîchissement des températures et une explosion de couleurs rouge et or illumine les parcs. Novembre annonce l'obscurité hivernale.

Hébergement

☑ À savoir Les tarifs de certaines auberges de jeunesse et de beaucoup d'hôtels de catégorie moyenne à supérieure obéissent à la loi de l'offre et de la demande, avec des fluctuations quotidiennes. Le plus souvent, vous ferez les meilleures affaires en réservant tôt.

➡ Il est sage de réserver à l'avance, la plupart des hôtels de catégorie intermédiaire les plus demandés se remplissent vite.

➡ À Copenhague, les auberges de jeunesse affichent vite complet l'été : mieux vaut s'y prendre tôt. Les tarifs pour le réseau Danhostel s'appliquent sur présentation d'une carte de membre.

➡ L'office du tourisme de Copenhague peut vous réserver une chambre d'hôtel pour le jour même moyennant une commission de 100 DKK.

ites Internet

ay4You (www.
ay4you.com). Loue des
ppartements dans
oute la ville, y compris
ans le centre historique,
Christianshavn et à
esterbro.

**ffice du tourisme
e Copenhague** (www.
sitcopenhagen.com).

atégorie petits budgets

enerator Hostel (www.
eneratorhostel.com).
ortoirs contemporains,
hambres privées et
tuation centrale.

**openhagen
owntown Hostel** (www.
penhagendowntown.com).
oirées, visites guidées
e la ville et concerts
atuits.

rban House (https://
banhouse.me). Une
uberge de Vesterbro,
oche des restaurants
n vogue, avec son
opre salon de tatouage.

atégorie intermédiaire

otel Alexandra (http://
telalexandra.dk). Un
ôtel à la fois chic et
aleureux, avec des
eubles devenus cultes.

abette Guldsmeden
tps://guldsmedenhotels.
m). Jolies chambres et
petits-déjeuners bio près du Palais royal.

Hotel Danmark (www.brochner-hotels.com). Belles chambres élégantes, vin gratuit en soirée et terrasse au dernier étage.

CPH Living (https://www.cphliving.com). Un hôtel flottant plein de lumière en plein sur le port de Copenhague.

Catégorie supérieure

Hotel d'Angleterre (www.dangleterre.com). Le luxe d'un hôtel plein d'histoire près de Nyhavn qui attire régulièrement des célébrités.

Hotel Nimb (www.nimb.dk). Des suites uniques et luxueuses avec vue sur un agréable jardin du XIXe siècle.

Radisson BLU Royal Hotel (www.radissonblue.com). Une icône du siècle dernier, créée par le dieu du design Arne Jacobsen.

Arriver à Copenhague

Aéroport

Métro. Ouvert 24h/24, le métro (www.m.dk) circule toutes les 4 à 20 minutes entre le terminal des arrivées de l'aéroport (la station s'appelle Lufthavnen) et le côté est du centre-ville. Il ne s'arrête pas à København H (la gare centrale), mais il est pratique pour rejoindre Christianshavn, le centre-ville et Nyhavn (descendez à Kongens Nytorv pour Nyhavn). Le trajet jusqu'à Kongens Nytorv dure 14 minutes (36 DKK).

Train. Les trains (www.dsb.dk) relient le terminal des arrivées de l'aéroport à la gare centrale de Copenhague en environ un quart d'heure (Københavns Hovedbanegården, généralement appelée København H) toutes les 10 à 20 minutes (36 DKK).

Taxi. Le temps de trajet entre l'aéroport et le centre-ville est de 20 minutes environ en fonction de la circulation. Comptez entre 250 et 300 DKK pour la course.

Gare centrale

Tous les trains régionaux et internationaux arrivent et partent de la gare centrale, située en face des jardins de Tivoli, en plein cœur de la ville. Des trains partent pour l'aéroport toutes les 10 à 20 minutes, avec des services moins fréquents la nuit.

Søndre Frihavn

De ce port à 2 km au nord du centre-ville, des ferries desservent Oslo, en Norvège. De la gare centrale, prenez le S-tog jusqu'à Nordhavn d'où le port se trouve à 10-15 min à pied. Le bus n°26 relie le port à de nombreux quartiers de Copenhague.

Depuis la France

➡ **Scandinavian Airline** (www.flysas.com) et **Air France** (www.airfrance.fr) assurent des vols directs entre Paris et Copenhague plusieurs fois par jour.

➡ Les compagnies *low cost* **Easyjet** (www.easyjet.com) et **Norwegian** (www.norwegian.com) proposent des liaisons directes entre Paris et Copenhague.

Depuis la Belgique

➡ **Brussels Airlines** (www.brusselairlines.com) et **Scandinavian Airline** (www.flysas.com) relient la capitale belge à Copenhague par vol direct plusieurs fois par jour.

➡ La compagnie *low cost* **Malmö Aviation** (www.malmoaviation.se) assure une liaison directe Bruxelles-Copenhague.

Depuis la Suisse

➡ **Swiss** (www.swiss.com) et **Scandinavian Airlines** (www.flysas.com) desservent Copenhague par des vols directs depuis Genève et Zurich, une à plusieurs fois par jour.

➡ La compagnie *low cost* **Easyjet** (www.easyjet.com) effectue une à deux liaisons directes Genève-Copenhague par jour.

Depuis le Canada

➡ Il n'existe pas de vols directs entre Montréal et Copenhague. **Air Canada** (www.aircanada.com) et **Air France** (www.airfrance.fr) assurent des vols avec une escale.

Comment circuler

Bus

➡ Les bus de ville sont fréquents, pratiques et gérés par **Movia** (https://www.moviatrafik.dk/). Il est possible d'acheter des tickets à l'unité à bord. Les utilisateurs de la Rejsekort doivent la bipper en montant dans le bus et en descendant.

➡ Les lignes principales ont un "A" après leur numéro (par exemple : 1A 2A) et circulent 24h/24 toutes les 3 à 7 minutes en période de pointe (de 7h à 9h et de 15h30 à 17h30) et toutes les dix minutes le reste du temp

➡ Les bus S (bus dont le numéro de ligne est suiv de la lettre "S") circulent toutes les 5 à 10 minutes en période de pointe et toutes les 20 minutes environ le reste du temp Les bus S ont moins d'arrêts que les bus A et circulent généralement de 18h à 1h.

➡ Les bus de nuit (dont l numéro de ligne est suiv de la lettre "N") circulen entre 1h et 5h.

➡ Les plans gratuits de Copenhague disponible à l'office du tourisme indiquent les lignes de bus (avec leurs numéro et sont bien pratiques.

Métro

➡ Le métro se compose actuellement de deux

Tickets et cartes rechargeables

Le réseau de transports copenhaguois (bus, métros, S-tog et navettes fluviales) fonctionne selon un système de tarification unique comprenant sept zones géographiques. La plupart des déplacements touristiques en ville se font sur deux zones. Le trajet entre la ville et l'aéroport couvre trois zones.

Le ticket le moins cher *(billet)*, valable pour deux zones, permet des déplacements illimités pendant 1 heure (adulte/12-15 ans 24/12 DKK). Les adultes munis d'un ticket valide peuvent être accompagnés gratuitement de deux enfants de moins de 12 ans.

Vous pouvez également acheter la **Rejsekort** (www.rejsekort.dk), une carte intelligente (à valider en début et en fin de trajet) qui couvre l'ensemble des zones. D'un coût de 180 DKK (80 DKK pour la carte et 100 DKK de crédit), elle s'achète aux machines Rejsekort dans les stations de métro, à la gare centrale et à l'aéroport.

Avantageuse pour les touristes, la **Copenhagen Card** (www.copenhagencard.com ; adulte/enfant 10-15 ans 24 heures 389/199 DKK, 48 heures 549/279 DKK, 72 heures 659/329 DKK, 120 heures 889/449 DKK) permet d'utiliser gratuitement tous les transports publics dans toute l'agglomération de Copenhague (y compris l'aéroport).

gnes (M1 et M2). Une ne faisant le tour de ville (Cityringen) est évue pour 2019.

Les métros circulent 4h/24, avec une équence de 2 à minutes en période de pinte, de 3 à 6 minutes ns la journée et le eek-end, et de 7 à) minutes la nuit.

Les deux lignes relient ørreport à Kongens ytorv et Christianshavn. ligne M2 (jaune) essert l'aéroport.

La carte rechargeable jsekort est valable pour métro.

➡ Voir www.m.dk pour plus d'informations.

Navette fluviale

➡ C'est **Movia** qui gère les ferries jaunes de la ville que l'on qualifie de "bus portuaires".

➡ La ligne n°991 longe le port vers le nord et la n°992 vers le sud. Il y a en tout 10 arrêts fluviaux, parmi lesquels Det Kongelige Bibliotek (bibliothèque royale), Nyhavn et l'Operaen (Opéra).

➡ La ligne n°993 sert de navette entre Nyhavn, l'Experimentarium et l'Operaen de 9h à 18h les jours de semaine. De 18h à 23h, elle ne circule plus qu'entre Nyhavn et l'Operaen.

➡ La carte rechargeable Rejsekort est valable sur les bus portuaires.

Train

➡ Baptisé localement S-tog, le réseau ferré de banlieue de Copenhague voit passer 7 lignes via la gare centrale (København H). Le S-tog relie l'aéroport de Copenhague à la gare centrale.

➡ Le S-tog circule toutes les 4 à 20 min de 5h

à 0h30 environ, avec un service de nuit le vendredi et samedi toutes les heures (toutes les 30 minutes sur la ligne F).

➡ La carte rechargeable Rejsekort est valable sur le S-tog.

Vélo

➡ Le système de vélos en libre-service **Bycyklen** (www.bycyklen.dk ; 30 DKK/h) est équipé de vélos high-tech "intelligents" avec GPS, moteurs électriques à plusieurs vitesses et antivols. Le règlement s'effectue par carte bancaire via le site Internet ou l'écran tactile du vélo.

➡ Les vélos peuvent être transportés gratuitement à bord des S-togs, mais ils sont interdits à la station Nørreport en semaine entre 7h et 8h30, puis entre 15h30 et 17h. L'entrée se fait par les wagons avec de grands vélos blancs dessinés sur les fenêtres. Gardez votre vélo derrière la ligne dans la zone réservée aux vélos. Vous devez rester avec votre vélo tout le long du trajet.

➡ Il est possible de prendre son vélo dans le métro (sauf en semaine de 7h à 9h et de 15h30 à 17h30). Un ticket spécial pour vélo (13 DKK) est requis dans le métro et dans les bus de ville. Il est possible de les acheter aux stations de métro et de S-tog ; il n'est pas possible de les acheter directement dans le bus.

Infos pratiques

Argent

Cartes bancaires

➡ Les Visa et MasterCard sont couramment acceptées au Danemark (les American Express et Diners Club le sont moins).

➡ Dans de nombreux établissements (hôtels, stations-service, restaurants, commerces), un supplément (jusqu'à 3,75%) peut s'appliquer aux transactions avec des cartes étrangères. Si tel est le cas, l'établissement se doit de l'indiquer (par exemple sur la carte ou à la réception).

Cartes de réduction

La Copenhagen Card (www.copenhagencard.com ; adulte/enfant 10-15 ans 24 heures 389/199 DKK, 48 heures 549/279 DKK, 72 heures 659/329 DKK, 120 heures 889/449 DKK) donne libre accès à 79 sites et musées, et permet d'emprunter gratuitement tous les transports publics. Chaque adulte muni d'une carte peut être accompagné gratuitement de 2 enfants de moins de 10 ans. La carte s'achète à l'office du tourisme de Copenhague, ainsi qu'aux guichets d'informations de l'aéroport et de la gare centrale, dans de nombreux hôtels et dans les magasins 7-Eleven. Vous pouvez aussi vous la procurer en ligne.

Électricité

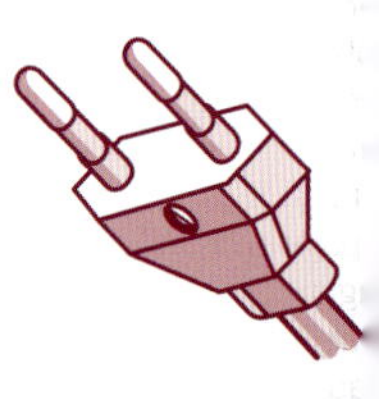

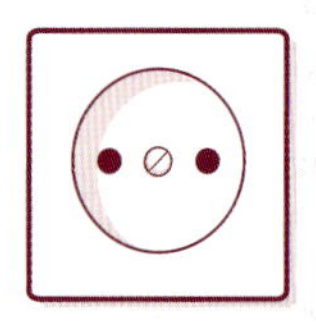

230 V/50 Hz

ormalités et visas

Les ressortissants de
Jnion européenne et
es pays membres de
espace Schengen (dont
Suisse et la Norvège)
ont pas besoin de visa.
es ressortissants
anadiens doivent être
n possession d'un
asseport en cours
e validité, mais sont
spensés de visa pour
s séjours touristiques
férieurs à trois mois.

andicap

Copenhague, et le
anemark en général,
néliorent constamment
ccessibilité, même si
e n'est pas généralisée.
site Internet officiel
ww.visitcopenhagen.
m répertorie les sites,
ôtels et restaurants
ccessibles, et donne des
nseils pratiques et des
ns utiles. Pour consulter
page en question (en
glais), cliquez sur "Plan
ur Stay", puis "Travel
ade" et enfin "Accessible
openhagen".

Bonne source
nformations,
od Adgang (www.
dadgang.dk) recense les
urnisseurs de services
uipés et labellisés pour
ccueil des personnes à
obilité réduite.

Pour faire des économies

- Certains musées sont gratuits, une fois par semaine ou de manière permanente.
- Les seniors et les étudiants bénéficient de tarifs réduits pour certains transports et musées, sur présentation d'une pièce d'identité ou de la carte d'étudiant.
- Faire ses courses au supermarché et au marché contribue à réduire le budget alimentaire.
- La ville, compacte, se prête à la marche.

Heures d'ouverture

Les horaires d'ouverture varient au cours de l'année. Les horaires que nous avons indiqués correspondent à la saison haute. Ils sont généralement plus restreints en moyenne saison ou basse saison.

Banques 10h–16h du lundi au vendredi (jusqu'à 17h30 ou 18h le jeudi)

Bars 16h-minuit voire 2h ou plus tard les vendredi et samedi (5h le week-end pour certains clubs)

Boutiques 10h ou 11h–18h du lundi au vendredi, jusqu'à 16h le samedi. Certaines sont ouvertes le dimanche.

Cafés 8h-17h ou 18h

Grands magasins 10h–20h

Restaurants 12h–22h ou 23h

Supermarchés 8h–21h ou 22h (certains ouvrent à 7h ; quelques rares supermarchés sont ouverts 24h/24)

Jours fériés

Jour de l'An (Nytårsdag) 1er janvier

Jeudi saint (Skærtorsdag) Jeudi précédant Pâques

Vendredi saint (Langfredag) Vendredi précédant Pâques

Pâques (Påskedag) Un dimanche de mars ou d'avril

Lundi de Pâques (2. Påskedag) Lendemain de Pâques

Jour de prières (Stor Bededag)

Un fil d'Ariane en voyage

Vous êtes ressortissant français ? Enregistrez-vous sur le **portail Ariane** (pastel.diplomatie.gouv.fr/fildariane) du ministère des Affaires étrangères. Ce service gratuit vous permet de recevoir des alertes si la situation le justifie. Crise politique, catastrophe naturelle, attentat... recevez en temps réel des consignes de sécurité lors de votre voyage. Il existe une application pour les Smartphones et les tablettes, intitulée *Conseils aux voyageurs*.

Quatrième vendredi après Pâques

Ascension (Kristi Himmelfartsdag) Sixième jeudi après Pâques

Pentecôte (Pinsedag) Septième dimanche après Pâques

Lundi de Pentecôte (2.pinsedag) Septième lundi après Pâques

Fête nationale (Grundlovsdag) 5 juin

Veille de Noël (Juleaften) 24 décembre (à partir de 12h)

Noël (Juledag) 25 décembre

Saint-Étienne (2. Juledag) 26 décembre

Office du tourisme

L'excellent **office du tourisme de Copenhague** (70 22 24 42 ; www.visitcopenhagen.com ; Vesterbrogade 4A, Vesterbro ; 9h-20h lun-ven, 9h-18h sam-dim juil et août, horaires réduits le reste de l'année ; ; 2A, 6A, 12, 14, 26, 250S, S København H) fournit quantité de renseignements et possède un café avec salon (Wi-Fi gratuit). On peut aussi y acheter la **Copenhagen Card**.

Sécurité

Copenhague est une ville très sûre, mais faites preuve de bon sens.

- Gardez toujours vos affaires personnelles en vue, notamment dans les lieux très fréquentés.
- Faites attention à ne pas marcher sur les pistes cyclables : un accident est vite arrivé.

Téléphone

☑ **À savoir** Si vous arrivez d'Amérique du Nord, assurez-vous de la compatibilité de votre téléphone avec le réseau GSM 900/1800 européen.

Numéros utiles

Renseignements locaux (118)

Renseignements internationaux (113)

Toilettes

- Les toilettes publiques sont en général gratuites.
- Les grands magasins, les bibliothèques et les principales gares ferroviaires en sont équipés.
- Les toilettes des musées, cafés et restaurants sont réservées aux clients.

.angue

ı même titre que l'anglais, le danois
partient à la famille des langues
rmaniques qui englobent les langues
andinaves, c'est pourquoi danois
anglais présentent des similitudes
prononciation. Le danois est en
vanche plus éloigné du français, mais
ec un peu de pratique et en lisant
prononciation indiquée au regard
chaque mot, vous arriverez à vous
re comprendre. Il existe une version
ırte et longue pour chaque voyelle,
ısi que des "voyelles combinées"
des diphtongues. Les consonnes
uvent être "avalées", voire totalement
ıises, ce qui, avec les voyelles, donne
a langue un son caractéristique de
ıps de glotte ou *stød (steudh)*. Le *ø* se
onnonce comme le *eu* de "beurre", le
omme le *u* de "jupe", le *å* comme le
uvert de "rose", le *u* comme le *ou* de
oule", le *æ* comme le *è* de "père" et le
comme dans "lit". Enfin, le *ai*, le *aw*
le *ow* se prononcent respectivement
ımme dans les mots anglais "aisle",
w" et "how". Le *dh* ressemble au 'th'
glais de "that", et le r est roulé. Il n'y
as de voyelles nasales en danois. Les
labes accentuées figurent en italique
ıs la version phonétique.

pressions courantes

njour.
ddag. — *go·da*

nsoir.
vel. — *faa·vel*

i./Non.
/Nej. — *ya/naï*

S'il vous plaît.
Vær så venlig. — *vèr so ven·li*

Merci.
Tak. — *tak*

Je vous en prie.
Selv tak. — *sel tak*

Excusez-moi.
Undskyld mig. — *un·skul maï*

Pardon.
Undskyld. — *un·skul*

Comment allez-vous ?
Hvordan går det? — *vor·dan gawr dey*

Bien, merci.
Godt, tak. — *got tak*

Quel est votre nom ?
Hvad hedder du? — *va héy·dha dou*

Je m'appelle...
Mit navn er... — *mit now èr ...*

Parlez-vous anglais ?
Taler du engelsk? — *ta·la di/dou èng·ilsk*

Je ne comprends pas.
Jeg forstår ikke. — *yaï for·stawr i·ke*

Alimentation et boissons

Que conseillez-vous ?
Hvad du anbefale? — *va dou an·bey·fa·le*

Avez-vous des plats végétariens ?
Har I vegetarmad? — *har i vey·ge·tar·madh*

Santé !
Skål! — *skawl*

Je voudrais..., s'il vous plaît.
Jeg vil gerne have..., tak. — *yaï vil gir·ne ha ... taak*

L'addition
regningen — *raï·ning·en*

La carte des boissons
vinkortet — *vin·kor·tet*

La carte
menuen — *me·new·èn*

Urgences

Au secours !
Hjælp! — *yelp*

Allez-vous-en !
Gå væk! — *gaw vek*

Appelez...!
Ring efter...! — *ring if·ta...*

un médecin
en læge — *in lè·ye*

la police
politiet — *poh·li·ti·et*

C'est une urgence !
Det er et nødstilfælde! — *dey r it neudhs·til·fe·le*

Je suis perdu(e).
Jeg er faret vild. — *yaï ir fa·ret vil*

Je suis malade.
Jeg er syg. — *yaï ir sew*

J'ai mal là.
Det gør ondt her. — *dey geur awnt heyr*

Je suis allergique à...
Jeg er allergisk over for... — *yaï ir a·ler·gisk o·va for...*

Où sont les toilettes ?
Hvor er toilettet? — *vor ir toy·le·tet*

Achats

Je cherche...
Jeg leder efter... — *yaï li·dha if·ta ...*

Combien ça coûte ?
Hvor meget koster det? — *vor maa·yet kos·ta dey*

Est-ce que je peux regarder ?
Må jeg se? — *maw yaï sey*

Heure et chiffres

Quelle heure est-il ?
Hvad er klokken? — *va r klo·ken*

1	*en*	*in*
2	*to*	*toh*
3	*tre*	*trèï*
4	*fire*	*fir*
5	*fem*	*fem*
6	*seks*	*siks*
7	*syv*	*siou*
8	*otte*	*aw·te*
9	*ni*	*ni*
10	*ti*	*ti*
100	*hundrede*	*hoon·re·d*
1000	*tusind*	*tou·sin*

Transports et orientation

Où est...?
Hvor er...? — *vor r...*

Quelle est l'adresse ?
Hvad er adressen? — *va ir a·draa·sen*

Comment s'y rendre ?
Hvordan kommer jeg derhen? — *vor·dan ko·ma yaï deyr·hen*

Conduisez-moi à (cette adresse).
Vær venlig at køre mig til (denne adresse). — *ver ven·li at keu·re maï til (di·ne a·draa·se*

Arrêtez-vous ici s'il vous plaît.
Venligst stop her. — *ven·list stop heyr*

avion	*flyet*	*flew·et*
bateau	*båden*	*baw·dher*
bus	*bussen*	*bou·sen*
train	*toget*	*taw·et*
vélo	*cykel*	*si·kel*

En coulisses

Vos réactions ?

Vos commentaires nous sont très précieux pour améliorer nos guides. Notre équipe lit vos lettres avec la plus grande attention et prend en compte vos remarques pour les prochaines mises à jour. Pour nous faire part de vos réactions, prendre connaissance de notre catalogue et vous abonner à notre newsletter, consultez notre site Internet : **www.lonelyplanet.fr**

Nous reprenons parfois des extraits de notre courrier pour les publier dans nos guides ou sites Web. Si vous ne souhaitez pas que vos commentaires soient repris ou que votre nom apparaisse, merci de nous le préciser. Notre politique en matière de confidentialité est disponible sur notre site Internet.

À nos lecteurs

Un grand merci à ceux qui ont utilisé la précédente édition de ce guide et ont pris la peine de nous écrire :

Belén Arranz, David Grumett, Ryan Lawson, Susan Rieder, Jake Sullivan, Gillian Weale

Un mot de l'auteur

Pour leurs précieux conseils, leur générosité et leur amitié, un immense tusind tak à Martin Kalhøj, Mette Cecilie Smedegaard, Christian Struckmann Irgens, Mads Lind, Mia Hjorth Lunde et Jens Lunde, Mary-ann Gardner et Lambros Hajisava, Sophie Lind et Kasper Monrad, Anne Marie Nielsen, Sanna Klein Hedegaard Hansen et Carolyn Bain. À Lonely Planet, un grand merci à Gemma Graham.

Crédits photographiques

Couverture : Rosenborg Slot, Maurizio Rellini/4Corners ©

Sommaire p. 4-5 : Nyhavn, LaMiaFotografia/Shutterstock

À propos de cet ouvrage

Cette 3e édition du guide Lonely Planet *Copenhague en quelques jours* a été écrite par Cristian Bonetto, comme l'édition précédente.

Traduction Virginie Bordeaux et Yann Champion

Direction éditoriale Didier Férat

Coordination éditoriale Maëlle Sigonneau

Responsable pré-presse Jean-Noël Doan

Maquette Marie Dautet

Cartographie Cartes originales adaptées en français par Caroline Sahanouk

Couverture Adaptée en français par Laure Wilmot

Index

Voir aussi les index des rubriques :

Se restaurer p. 158
Prendre un verre p. 158
Sortir p. 159
Shopping p. 159

Références des **sites**
Références des **cartes**

Se restaurer

Prendre un verre

Références des **sites**
Références des **cartes**

Sortir

Shopping

L'auteur

Cristian Bonetto

Cristian a, à ce jour, contribué à plus de 30 guides Lonely Planet, notamment New York, Italie, Venise, Naples et la côte amalfitaine, Danemark, Copenhague, Suède et Singapour. En dehors de Lonely Planet, ses écrits sur les voyages, la cuisine, la culture et le design apparaissent dans de nombreuses publications à travers le monde, notamment The Telegraph (GB) et le Corriere del Mezzogiorno (Italie). Lorsqu'il n'est pas sur la route, vous trouverez cet ancien dramaturge et scénariste en train de siroter un espresso dans sa ville bien-aimée de Melbourne. Instagram : @rexcat75.

Copenhague en quelques jours
3e édition
Traduit et adapté de l'ouvrage *Pocket copenhagen, 4th edition, April 2018*

Dépôt légal Mai 2018
ISBN 978-2-81617-107-5
Imprimé par L.E.G.O. Spa (Legatoria Editoriale Giovanni Olivotto), Italie

En Voyage Éditions | un département